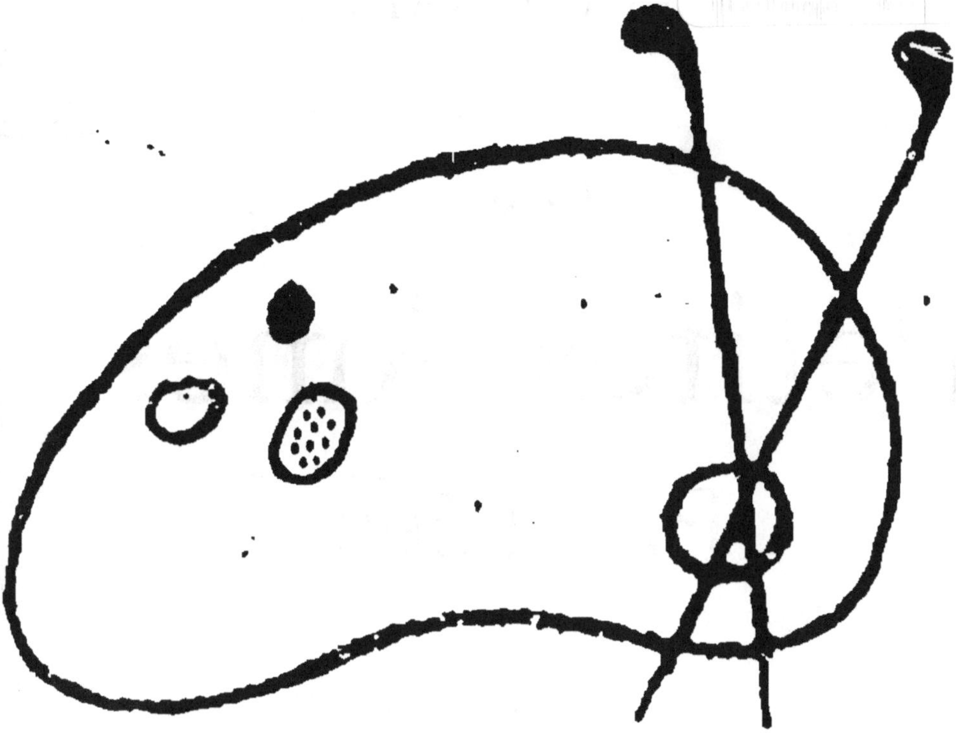

Début d'une série de documents en couleur

GUSTAVE KAHN

Les
Petites Ames
Pressées

PARIS
PAUL OLLENDORFF, ÉDITEUR
28 bis, RUE DE RICHELIEU, 28 bis

1898
Tous droits réservés.

LIBRAIRIE PAUL OLLENDORFF
28 bis, rue de Richelieu, Paris.

DERNIÈRES NOUVEAUTÉS

Collection grand in-18 à 3 fr. 50 le volume.

Paul Adam	La Bataille d'Uhde	1 vol.
Alphonse Allais	Le Bec en l'air	1 vol.
Jules Case	La Vassale	1 vol.
Armand Charpentier	L'Initiateur	1 vol.
Marianne Damar	Rebelles et Soumises	1 vol.
Catulle Mendès	L'Homme orchestre	1 vol.
André Desroches	L'Éternelle Illusion	1 vol.
Maurice Donnay	La Douloureuse	1 vol.
Henri de Fleurigny	Les Mères stériles	1 vol.
Ernest d'Hauterive	Le Général Alex. Dumas	1 vol.
Abel Hermant	Les Transatlantiques	1 vol.
Jan Kermor	Echelle d'Amour	1 vol.
Maurice Leblanc	Voici des ailes	1 vol.
Camille Lemonnier	L'Homme en amour	1 vol.
Pierre Maël	Ce que Femme peut	1 vol.
René Maizeroy	Des Baisers, du Sang	1 vol.
Jeanne Mairet	Deux Mondes	1 vol.
Auguste Marin	La Belle d'août	1 vol.
J. Marni	Les Enfants qu'elles ont	1 vol.
Mermeix	Le Transvaal et la Chartered	1 vol.
Georges Ohnet	Les Vieilles Rancunes	1 vol.
Paul Perret	Madame Victoire	1 vol.
Emile Pouvillon	L'Image	1 vol.
Robinet de Cléry	En Tyrol	1 vol.
Jacques St-Cère	La Noce sentimentale	1 vol.
Armand Silvestre	Le Petit Art d'aimer	1 vol.
André Theuriet	Fleur de Nice	1 vol.
Pierre Valdagne	Variations sur le même air	1 vol.
Fernand Vandérem	Les Deux Rives	1 vol.
Jane de la Vaudère	Les Demi-Sexes	1 vol.
Pierre Veber	Chez les Snobs	1 vol.

Envoi franco du Catalogue complet de la Librairie Paul Ollendorff

ÉVREUX, IMPRIMERIE DE CHARLES HÉRISSEY

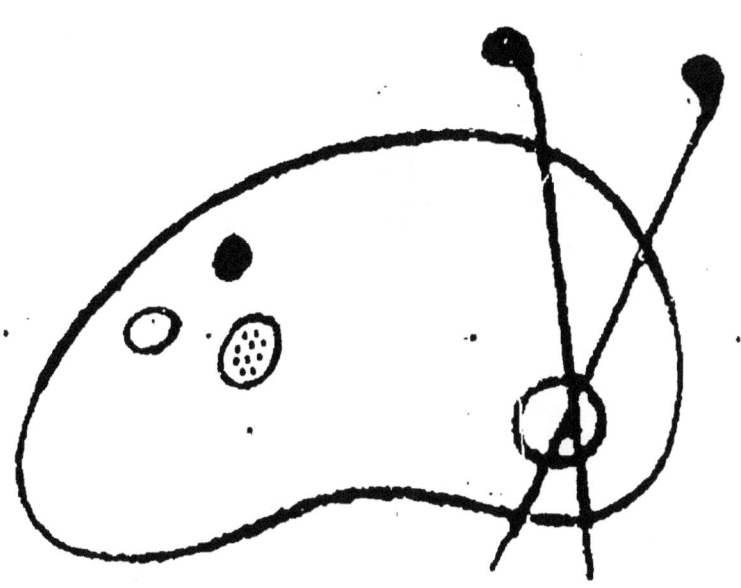

Fin d'une série de documents en couleur

LES

PETITES AMES

PRESSÉES

DU MÊME AUTEUR

Les Palais nomades.

Chansons d'amant.

Domaine de Fée.

La Pluie et le beau Temps.

Limbes de Lumière.

Le Roi Fou.

Le Livre d'Images.

Sous presse :

Le Conte de l'Or et du Silence.

Le Cirque Solaire.

Tous droits de reproduction et de traduction réservés pour tous les pays, y compris la Suède et la Norvège.

S'adresser, pour traiter, à M. Paul Ollendorff, éditeur, rue de Richelieu, 28 *bis*, Paris.

GUSTAVE KAHN

Les Petites Ames Pressées

PARIS
PAUL OLLENDORFF, ÉDITEUR
28 *bis*, RUE DE RICHELIEU, 28 *bis*

1898
Tous droits réservés.

IL A ÉTÉ TIRÉ A PART

CINQ EXEMPLAIRES SUR PAPIER DE HOLLANDE

NUMÉROTÉS A LA PRESSE

LES
PETITES AMES PRESSÉES

JORDON

A Charles-Henry Hirsch.

1

Jordon, Amédée Jordon, l'auteur apprécié des *Pirates d'Atchin*, roman, et de la *Joconde aux cheveux aurés*, poème (les deux faces principales de son talent se reflétaient dans chacune de ces œuvres, en se complétant), ouvrit un œil, puis l'autre, se détendit, se redressa, appuya sa nuque sur ses deux mains, et regarda bien en face le jour qui pénétrait en sa chambre, à travers des persiennes et des rideaux, avec un teint de cave. Il le regardait sans épouvante, mais sans joie. Un frottement régulier, comme la rencontre feutrée de deux balanciers, l'avertit que Mme Drèche, sa concierge factotum, s'acquittait déjà de faire reluire ses bottines. Il bâilla. Quelques secondes après, il entendit dans la chambre voisine à intervalles fixes et précipités, d'abord un craquement, puis le bruit sec que produit un corps dur délibérément posé sur une planche; c'était Mme Drèche qui marchait sur la pointe des pieds, pour ne le point réveiller, d'où ébranlement graduel du parquet qui craquait, avant de gémir sous le contact définitif et adhésif du pied. C'était ce que Mme Drèche appelait marcher à pas de loup. Jordon regarda, sur sa table de nuit, sa montre; elle était arrêtée.

Il souleva deux ou trois tomes, qu'il avait à sa proximité, en mania un, avisa un coupe-papier, l'introduisit entre deux pages, referma lentement le livre sans le couper, le remit en place, et plus énergiquement regarda la fenêtre blafarde. Un piano exhala en fausses notes les premiers accords de la *Pathétique*.

— Ah! voilà neuf heures, on a remonté la petite demoiselle, et il toucha du doigt un menu timbre, îlot sonore entre sa lampe et ses livres.

La porte s'ouvrit. Il y eut une entrée de lumière claire, comme une irruption de chien joyeux, blanc à taches jaunes, et l'ombre se refit de suite par l'encadrement dans la porte du corps de Mme Drèche.

— Le café de monsieur est sur sa table, à côté de son courrier. Monsieur a-t-il besoin de quelque chose?

— Non, madame Drèche.

— Bien, monsieur, je remonterai tout à l'heure...

— Ou tu descendras, peu importe, ô femme, murmura en aparté Amédée Jordon.

Les pieds sur un tapis bleu, peuplé d'astérisques, d'étoiles et de lignes imitées d'un fouet claquant, par les soins d'un artiste belge anglomane, Jordon se couvrait.

— Voici le jour, *carpe diem*, traduction libre, gagne ta vie au jour le jour... et il s'ondoyait fortement.

— Le jour ressemble au jour, si la nuit ne ressemble pas toujours à la nuit : copie et copie. Ah! je voudrais bien m'en aller un peu... Mais où?... Vivre comme un passant dans des pays d'ailleurs, à l'hôtel c'est cher, et dès qu'on se fixe pour quelques jours, on est installé Dieu sait comme... pas une table tranquille pour écrire. Ce n'est pas toujours drôle de cueillir le jour. Pourtant! en ce moment-ci, cela s'accepte pas mal... Pfutt, le pessimisme; vive la joie! le pessimisme est enterré, comme si on pouvait enterrer et même blâmer une doctrine, qui a de si beaux aïeux, un si beau passé, un si beau présent, et si le temps ne change pas, un si bel avenir. Je ne dis pas qu'il faille médire de la joie; c'est une bonne chose, meilleure à ressentir qu'à lire. D'où vient-il ce courant de joie chez les jeunes... qui n'est plus la joie devant un bon verre de vin, devant un joli Caveau, tables et chansons, mais l'extase devant une pomme, une poire, une prune, un poulet, un pot de grès, une extase dite simplement et ressentie simplement devant les choses simples, mais là, tout franc, tout ouvert? (Il maniait des brosses et des peignes), une des faces de l'influence du roman russe, *les foins* de Levine, les gens d'acceptation qui, par reflet des Russes, font face aux personnages de revendication chez les Scandinaves, avec un peu de Pierre Dupont, peut-être... et un retour aux paysanneries de Mme Sand, alors un écho des rêves d'âge d'or du socialisme revenant en deux branches, source française pure, source française répercutée en russe... Mais Amédée, vous faites un article, si matin! Vous ne vous économisez pas, cher ami. — Allons voir le museau de la rue.

Et Jordon passa dans sa chambre, sur la rue ; ou plutôt sur l'impasse, car cet écrivain très maniaque pour ses logements, très désireux de silence, avait imaginé de se placer dans une de ces rues que le conseil municipal ouvre et laisse dix ans en cul-de-sac, sans les percer plus au delà... Jordon se croyait par là garanti de la rumeur des voitures et des horreurs de l'omnibus sautelant sur l'enclume sonore des pavés. Dérision ! Si le poète était sauf de ce fracas, en revanche il n'était marchand de légumes, camelot, débitant de chansons, crieur de livraisons, qui ne se sentant lui aussi à l'abri des voitures, ni les manchots, unijambes, et aveugles résonnants, tous les machicots et les donnas de la chaussée qui ne s'arrêtassent en son impasse. Le dimanche matin il avait même les joies de la musique instrumentale, bugle et piston. En revanche, petite revanche, il avait en face de lui quelques maisons d'une blancheur encore propre, et mieux, à droite de son regard quelques jardins et quelques arbres encore épargnés par l'envahissant dallage des cours. Il regarda le soleil d'avril, fit quelques pas, roula une cigarette de caporal et, la grillade de ce bizarre produit manipulé étant terminée, il se trouva apte à tâtonner sa journée, soit prendre du café et ouvrir son courrier.

Les Allemands reconnaissent généralement deux variétés de café (culinairement s'entend) : le moka qui est parfois du café, et le *bluemchen* café, résultante du gland doux. Il doit ce nom de *bluemchen* café à ceci, qu'au lieu d'être noir il affecte plutôt un ton roussâtre et mordoré, assez transparent et qui est vraiment typique lorsqu'en découvrant la cafetière on peut apercevoir, au fond, une petite fleur bleue assez souvent située à cette place dans les poteries germaniques. Mme Drèche ignorait quelques-uns de ces détails, mais elle n'en réussissait pas moins cette boisson translucide. Jordon la goûta avec une grimace que ne décourageait pas une habitude de plusieurs mois, et se mit à déchirer les bandes et ouvrir les enveloppes du courrier.

— Ah... de Tamaris, ce bon Garnier...

« Mon cher ami, il fait ici admirable... fraîcheur exquise de l'eau au bain de six heures du matin ; ici c'est tout sable lisse... plus loin, au sortir de la rade, il y a des rochers et de petits crabes courent... (bien, bien)... Il doit faire gris à Paris (je te crois). Je t'envoie, parce que c'est bon, un livre d'un poète local, un félibre... si tu peux dire un mot ; c'est une de mes relations d'ici, charmant garçon, qui te lit (ça, c'est comme tout le monde, parbleu... soyons sérieux), *Poulides Castagnes*, les Belles Châtaignes. » (Ont-ils de la veine, tous ces gens-là de mijoter au soleil !... On le verra, son livre ; tiens, le voilà ; si je ne comprends pas tout, ça m'amusera d'autant mieux!)... Voyons. A un autre : « Monsieur, j'ai l'honneur de vous rappeler le petit compte... (Ah! flûte, flûte et le rire et le rire et le rire des flûtes, comme dit à peu près Stuart Merrill, et même flûtes et guibolles. On me demande de l'argent, toujours de l'argent. Qui m'en apporte? Personne! c'est bien clair! Alors, à un autre!)

« Cher maître, permettez-moi d'appeler votre attention (il va un peu vite, celui-là) sur mon article de... (Bien, bien ;) ah, une plaquette, c'est un peu mince, des vers en soldats de plomb... à Amédée Jordon sympathiquement ; eh bien, ce morveux! il ne va pas assez vite celui-là... Une revue, les *Forces vives*, un article de... Eh, eh... Momus, un pseudonyme de ce jeune homme qui m'appelle un trentenaire, trentenaire comme centenaire : c'est un mot, pas bienveillant, mais c'est un mot.

— Ah! « Mon cher cousin, pourquoi ne

profitez-vous pas du beau temps pour venir nous voir quelques jours, en notre belle Ardenne. Maximilien Bertin. (Ah! non, par exemple, pour le soir entendre lire quelques pièces nouvelles des *Heures dolentes*, que ma cousine fait au crochet et encore être consulté! « Dois-je, croyez-vous, envoyer quelques-unes de mes pièces à François Coppée, et solliciter, peut-être, une préface?... » Ah! non, cher ami, Ah! non, gracieuse cousine.

C'est tout, non... des pneumatiques nouveaux. Je m'en moque. Une lettre encore... Mme Drèche ne peut pas les mettre toutes ensemble. Il faut qu'elle procède comme pour ses mirontonnades! Un lit de revues, une tranche de journaux, une épaisseur de lettres...

— Ah! vous voici, madame Drèche, que désirez-vous?

— Monsieur déjeune chez lui?

— Non, madame Drèche. Voulez-vous à

l'avenir quand vous m'apporterez mon courrier, le disposer ainsi : les livres, revues, etc., dessous; les lettres dessus, et pas les mêler; une pyramide, vous voyez, comme cela, c'est aussi joli.

— Bien, Monsieur. Monsieur n'a pas besoin de moi?

— Non, je vais sortir tout à l'heure, donnez les coups de brosse qu'il faut.

— C'est fait, Monsieur.

— Insistez encore, madame Drèche, cela ne peut qu'y gagner.

— Bien, monsieur.

Voyons cette lettre. Euh! Euh!

Salon des Sciences exactes,
rue de Buci.

C'est près de l'autre.

« Monsieur,

« La curiosité que vous avez toujours montrée pour les hauts problèmes de la vraie philosophie (ce dont témoignent vos écrits, et aussi ce que m'a dit de vous notre confrère, Mme Julia de Cercelles (ce doit être un joyeux endroit), m'encourage à vous prier de nous venir voir, pour constater comme nous l'apparition radieuse de la vérité ; nous vous ferons assister à de curieuses expériences de dématérialisation et de matérialisation, expériences probantes, expériences victorieuses.

« Veuillez croire, Monsieur...

« Edith Horstgeweg. »

— Nom du nord, nom à cou de cygne, blancheur polaire, memento des robinets de baignoire. Tiens ! ce soir ! voyons « Salon des Sciences exactes, rue de Buci, le jeudi 10 heures », 10 heures est biffé au crayon, il y a 9 heures ; une heure pour la préparation de l'homme de lettres. Qu'est-ce que je verrai là, bon Dieu !

— Enfin j'irai, oui j'irai, oui j'irai, jeta-t-il dans la figure à Mme Drèche qui entre-bâillait la porte...

— Où, monsieur !

— Ah voilà !

— Monsieur, votre chapeau est prêt, dit en souriant Mme Drèche qui entendait la plaisanterie.

Et alors Amédée Jordon, tranquille du côté de l'inconnu, ouvrit son journal, le sien propre, celui où il collaborait (on y utilisait son imagination et sa verve à un bimensuel compte rendu du mouvement socialiste), et calme, chassant les pensées importunes, il se prit à parcourir le courrier des théâtres, puis considéra le feuilleton ; une chronique...

Tiens, une épigraphe. *Carpe diem, hodie et cras...* Il s'est levé comme moi, ce bon X... ; seulement c'était hier ; comme les idées circulent, les idées neuves, les mots frappés ; tout le monde se rappelle ensemble, et il va plus loin que moi, il va jusqu'au lendemain ; il le peut prévoir ; c'est un homme arrivé.

Bon, mon chapeau, ma canne... et, contre toutes les prescriptions des médecins, Jordon alluma un matinal cigare, puis descendit ses étages.

— Si l'on vient, madame Drèche !...
— Oui, monsieur...
— Vous direz qu'on revienne.
— Quand ?
— Le matin, de dix heures à midi.
— Mais, monsieur n'est jamais là, monsieur sort à dix heures et rentre, passé midi.
— C'est justement pour cela, madame Drèche ; au revoir.

Dans la rue, un musard piaulait :

Valsez, feuilles d'automne, valsez, rayons vermeils ;
Cueillez, enfants, cueillez les raisins de la treille.

— Ah ! ils sont assommants ces folkloristes, il faudra décidément que je change de quartier..., et il tourna le coin de sa rue, altéré de rivages différents.

II

Il jetait en passant les yeux au fond des boutiques, non pour en examiner les denrées, ni admirer les détaillantes, mais pour se faire de l'heure une idée précise. Il oubliait sa montre le matin, afin de mieux négliger de la remonter le soir, et tout en cherchant à se renseigner il jouissait de la fantaisie, que mettent à savoir l'heure, ces pourtant ponctuels étalagistes. « 10 h. 5, » disait le marchand de vins. « 10 h. 25, » affirmait l'épicier. « 9 h. 40, » dictait l'occupation du pharmacien. « 10 h. 18, » prétendait la papeterie. — « C'est le pharmacien qui aura raison, je me parie deux sous. » En effet le disque horaire d'une station de fiacre dominait le képi d'un gardien de la paix, 9 h. 45. « C'est bien cela ! La Science a toujours raison ! la science régulière, authentique, diplômée, localisée, verte et rouge. J'ai le temps d'être à midi, rue du Mail, et sans fiacre encore, mais d'un bon pas. » Et il allongea dans la direction du bois : « Oui, la science du pharmacien, la science aux balances sous verre... Vous empaqueterez de trois papiers différents et prendrez encore le temps de la réflexion, en collant l'étiquette. Elle se fiche des Sciences exactes qui ont des salons rue de Buci. C'est très bien, Salon; il n'y a pas à dire, c'est coquet; les pédants mettent : Société, Académie. Salon est bien; maintenant qu'est-ce que ça veut dire au juste? Quelle est l'intention? Où gît le lapin? Si c'était dans ces somptueux quartiers vagues, entre Malesherbes et Pereire ; là c'est simple, augural. De vieilles ruines, qui exagèrent même, qui se souviennent trop, qui sont Louise la Hutine, la reine Cophetua, Semiramis, Ève maternelle, ou même la première Apsara ; et de jeunes salauds qui vont faire leur lard. Mais Julia de Cercelles n'a que quarante-cinq ans, verbe haut ; et puis je ne mérite ni cet excès d'honneur, ni cette... Si c'était entre Saint-Augustin et les Batignolles, parloir sentimental ! alors ce serait un avis jeté au hasard d'après un Tout-Paris tenu au courant, par quelque confrère, des pousses nouvelles de notoriété... Et puis, c'est précis : matérialisation et dématérialisation... ; rue de Buci, c'est plus jeune, plus ardent ; des étudiantes folles, et un apôtre qu'on ne nomme pas pour le vulgaire ; des mots dans une barbe et de jeunes fanatiques... à moins qu'on ait eu l'idée ingénieuse de grouper en un seul lieu toutes ces petites farceuses qui voient le pôle bleu et rouge à leur droite et à leur gauche ; sans compter la médiane colonne jaune, si on le leur a appris le matin, si elles ont répété avec un escogriffe d'interne... Ça doit être mieux que cela... En tout cas, je ferai bien d'aller rue du Mail. »

En tout cas, son pas agile l'avait mené au pavillon du Touring-Club : de la verdure fraîche et aigre, du temps frais et aigre, malgré des efforts de soleil, un apéritif, des camarades ; il n'y avait pas cinq minutes qu'il était là que Mme Julia de Cercelles, opulente et blonde, tricot blanc, toquet bleu, jupe bleue, remettait sa bicyclette aux mains du gariste, et flanquée d'un long cabot blême et d'un truculent reporter ; et comme Jordon la saluait :

— Je vous ai fait écrire...

Jordon se leva.

— Oui, Madame, faut-il venir ?

— Mais oui, c'est très sérieux, vous devez être des premiers instruits..., j'en suis toute remuée. A propos, je vous ai fait convoquer pour neuf heures, c'est l'heure des amis.

— Je vous en suis fort reconnaissant.

— Soyez exact, ah ! je vous apporterai les dernières épreuves de mes *Pieuvres*, des nouvelles ; je voudrais avoir votre avis ; vous êtes des rares qui savent l'orthographe. — Et ravie d'avoir placé un mot d'argot artiste, la jeune femme s'éloigna, alla rejoindre ses compagnons déjà rageurs, gaie, blonde, légère, de ce pas qui avait tout oublié, Cercelles mort à la peine, les proches amis de Cercelles éclopés, jetés au fossé de la route du Tendre, et celui-ci et celui-là. Elle s'assit avec ses acolytes et lança encore à Jordon un sourire clair et lustral presque, signifiant les mondes éthérés du vrai, qu'on peut voir le soir, dans des réunions où l'on embête les esprits, passé les frivoles passe-temps ou travaux de la journée.

— Vous n'allez jamais à bicyclette ? dit un camarade à Jordon qui se disposait à partir.

— Non, c'est toujours trop loin, où vous

allez ! et je m'en vais dans Paris, tranquille, sans faire attention à une droite et à une gauche, et vous, vous allez tous rentrer avec des accidents. Au revoir, au revoir.

... Je n'en sais pas beaucoup plus ; elle était pressée, enfin j'irai et prêt à tout événement, courons rue du Mail.

Il allongea, attrapa dès les fortifications un omnibus, pour pouvoir traverser rapidement et comme d'un balcon les Champs-Élysées, le lâcha vers la Concorde, et de là marcha vers le Grand Hôtel et se munit d'un petit paquet de cigares qu'il fourra dans sa poche sans l'entamer ; puis il regarda aux boulevards quelques boutiques de libraires... oh ! par simple curiosité, pour se rendre compte, savoir par quels diables de bouquins les devanturiers pouvaient remplacer les *Pirates d'Atchin* et la *Joconde aux cheveux aurés* ; puis, vers midi moins le quart, fit son entrée dans le quartier commercial, et à midi moins cinq entrait dans une sale maison, pavoisée de lettres d'or, ici armoiries et définitions.

— Mon oncle est-il là ? demanda-t-il à un individu chargé d'une vingtaine de boîtes blanches.

— Dans son bureau, monsieur Amédée.

Il traversa quatre ou cinq chambres pleines de boîtes blanches et de gens occupés, et se présenta devant un grillage, où un gros homme semblait attendre l'heure du repas, comme au Jardin des Plantes, et cet homme s'avança vers ses barreaux, lorsqu'il aperçut son visiteur.

— Te voilà, Jordonnet, entre, dit d'une belle voix de basse M. Edouard Jordon, négociant.

— Bien volontiers, quoique ce soit un peu petit, dans votre cabane.

— Tu viens déjeuner avec moi ?

— Si vous voulez.

— Tu tombes bien ; ta tante est allée se retremper trois jours en province, chez les

Bertin. Nous irons au restaurant ; tu aimes mieux cela et moi aussi.

— Non, mon oncle, mais enfin...

— Eh bien, nous allons partir.

— Auparavant, mon oncle...

— Je te vois venir.

— Non, mon oncle, quoique lorsque vous utilisez, à mon bénéfice, le diminutif Jordonnet, vous soyez traitable ; mais je n'ai besoin de rien, ou du moins que d'un service... et il tira de son portefeuille un billet à ordre.

— Charlemagnier ! tu fais des affaires avec ce coco-là.

— Des affaires ! comme vous y allez. Je lui ai passé quelques contes, il m'a donné cela en échange.

— C'est peu fameux ; tu voudrais que j'escompte ça ?

— Si possible.

— Je vais te prêter dix louis, puisque après tout tu es de ma famille, et t'emmener déjeuner ; mais garde ta paperasse, ça vaut sept francs.

— Je vous ferai remarquer qu'il y a dessus vingt louis.

— Eh bien, ça vaut sept francs.

— A propos, mon oncle, puisque vous êtes seul, voulez-vous aller ce soir, à ma place, à une séance de spiritisme ?

— Non, merci, tu te fiches de moi.

— Vous ne croyez pas au spiritisme ?

— Pas du tout, et même on m'a raconté qu'un de mes employés s'amuse à faire tourner des petites choses ; il faudra que je le flanque à la porte.

— Cela le dérange ?

— Peut-être pas trop, mais cela le dérangera un jour. Vois-tu, mon ami, dans le commerce il faut des imaginatifs, mais non pas des étourdis ; c'est pourquoi j'ai toujours détourné ton père de te mettre dans les affaires. Allons, allons, allons déjeuner. Je n'ai qu'une heure, tu sais ; ces gens-là ne sont bons à rien, quand je n'y suis pas.

Après un déjeuner ample et correct, l'oncle dit au neveu :

— Tu prends du café? oui? eh bien, tu le prendras ailleurs ; il faut que je rentre. Où vas-tu ?

— Prendre du café.

— Et après ?

— Je n'en sais rien.

— Tu vois ma supériorité ; moi je sais où je vais. Ah ! ce sera bientôt ton tour. Viens dîner lundi soir, cela fera plaisir à ta tante.

En effet, Jordon ne savait pas trop où aller. Rentrer c'était loin ! et aussi, après un passable déjeuner, il éprouvait une petite excitation, qui eût peut-être favorisé le travail, mais lui paraissait aussi propre à améliorer la flânerie. Pourtant le travail !... Il coupa la poire en deux et se promit de se diriger vers la Bibliothèque, où l'on peut alterner une recherche non pénible avec les joies du farniente, et il se documenterait un peu sur la matérialisation et ses trucs, chose possible surtout en ce lieu, (car il le savait) par quelle opération magique, on n'est pas fixé, les livres qui relatent les gloires de l'ésotérisme transcendental se trouvent partout en piles, et ceux qui démontent les expériences et falsifications sont à peu près introuvables. Ce doit être les spirites qui achètent et qui cèlent. Il se bourra la tête pendant trois heures, et l'estomac alourdi par tant de mauvais français il ressentit une joie pure, analogue à celle qui suivrait un long voyage d'affaires heureusement terminé, à fouler la rue Richelieu, et voir des omnibus, des voitures, des piétons qui se gênaient les uns les autres, dans ce détroit urbain, il éprouva un vif plaisir à rallumer un cigare et se porter allègrement vers un petit café où passablement de ses amis venaient tenir leur parlotte.

Régulièrement, il était convenu que l'on

s'y rencontrait vers 6 heures pour se voir, échanger des idées ; mais vers 3 ou 4 heures presque tout le monde éprouvait le besoin de prendre un peu d'air, de voir l'article d'un tel, et dès 4 heures, la réunion était à peu près complète. Et que de belles choses il s'y disait, et ce jour-là que de belles choses il y fut dit. Mais Jordon n'en profita point ; il était rêveur, distrait, et la cause, c'est que Jordon aimait tellement sa liberté, que déjà son invitation du soir le gênait. C'était un flâneur de la grande roche ; il n'entrait nulle part pour ne pas compromettre la vacuité de la minute prochaine. Sa décision eût pu être arbitraire, le gêner pour l'immense flot de minutes qui allait venir, et pour lesquelles il fallait se réserver. Cette invitation lui apparaissait comme un empiétement ; il n'aurait pas cette heure délicieuse d'après-dîner, où pendant une heure il se demanderait, en arpentant des asphaltes : « Où irai-je bien ? » jusqu'à ce qu'il fût assez tard pour qu'il se répondît : « Il est trop tard pour entrer nulle part », et certes il eût lâché ce qu'il appelait son hypothèque du jour, et eût été dîner avec celui de ses camarades qui fût remonté de son côté, d'un de ses nombreux côtés, quitte à rebrousser ensuite chemin avec lui, si Gismont Faret, un auteur habituellement silencieux, mais ce jour-là en verve, ne l'eût agacé du feu fixe de son lorgnon et d'aperçus bafouillants, chiqués et frauduleux. Il quitta la partie, et s'en alla dîner seul, au bouchon, goûtant le plaisir, peu coûteux, d'être seul parmi la foule obscure.

III

Il était neuf heures. Jordon demanda au concierge : « Madame Horstgeweg ».

— Au cinquième, Monsieur.

Étage d'astrologue, étage de prolétaire, étage de liberté, étage plate-forme, étage surplombant. L'homme du cinquième est un des rois de la torture. Il peut agiter son piano, danser autour de sa table, patiner dans son home, sans que personne lui puisse appliquer le talion. Heureux homme ou heureuse femme ! Mais c'est bien ennuyeux pour leurs visiteurs. Encore ! les volontaires, passe ! mais les élus, les attirés par convocation partielle ! Guet-apens !

Et c'était un cinquième très haut perché,

rampes de fer, marches de pierre, débris du grand siècle, mais très haut ; et des étages, et des demi-étages et des portes étroites au bout de petits escaliers corollaires et un vacillant lumignon qui faisait danser des diablotins, dans la cage pleine de brume.

— Si je m'en allais, il est encore temps. »

Les grandes portes étaient précédées, assoupies, excusées par des tambours en molesquine ; cela devait abriter des dentistes, des gens d'affaires, des agences louches ; un bureau de placement au rez-de-chaussée, le Sinaï dans les combles, et dans les petits coins, au bout des petits escaliers de trois ou quatre marches sautant dans le noir, des bibliomanes, des quadrateurs de cercle et des petits employés ?

— Si je m'en allais, il est encore temps, mais bientôt il ne le sera plus, et comme attiré par les magnétiseurs, Jordon gravissait les péristyles successifs du Salon des sciences exactes.

— Ah ! vous voici, et bien à l'heure ! Vous voulez la vérité, jeta Mme de Cercelles, lacée au torse, bouffante aux épaules, ballonnée aux jambes, un énorme nœud au côté, une montre à la poitrine, avec une agraphe de longueur et de largeur, un éventail à la main, une face à main pendue, blanche quant au fond, multicolore d'ornements, assez semblable en tout à une petite clochette de porcelaine de Saxe, en forme de dame parée, telles que le xviiie siècle en émit beaucoup. — Mais que je suis étourdie... Chère Edith, monsieur Amédée Jordon, le romancier picaresque et tragique des *Pirates d'Atchin*, le contemplateur de la *Joconde aux cheveux aurés*, un critique sagace et redouté, et qui vient frapper de sa plume d'or à la porte de l'Initiatrice.

Amédée fit le plongeon et reçut à étreindre la main d'une assez longue cavale, toute de noir drapée fond faille, fanfreluches satin, un liséré de velours vers le col, qui emit d'une bouche large et un peu longuement endentée, un : « Soyez le bienvenu, Monsieur » ; et circulairement : « monsieur Jordon, madame de Hessler, mademoiselle Givade, monsieur Wittovich, monsieur Fitzky, monsieur Durandiarte, monsieur Jordon ; acceptez-vous, Monsieur, une tasse de thé ? »

Alors, assis, Jordon se mit à considérer le paysage à la clarté d'une grosse lampe à pied qui ne semblait point être celle d'Aladin ; une tige de fonte, un énorme globe blanchâtre, et au milieu de la tige un ornement bizarre à deux valves, comme une boîte sphérique, sans doute pour y mettre les allumettes, ou quelque linge, pas des bonbons, vraisemblablement.

— Elle a dû apporter cela du musée industriel de Stralsund, car Jordon, avec cette connaissance exacte des races, cette judiciaire sans défaillance familière aux Parisiens qui n'ont jamais voyagé, venait de situer cette dame, non pas en Suède, non pas en Norvège, non même en Danemark, mais en Poméranie. Edith lui semblait une pompeuse usurpation ; c'était Margredel qui lui versait le thé du haut d'une immense poterie blanche, babélique et sans pair, la théière de Silène, si Silène... Les yeux d'Edith ou Margredel étaient bleus, assez beaux, mais non d'un bleu tendre et joli de volubilis sous la rosée, d'un bleu de ciel de septembre du Nord, froid au beau fixe, sans nuage ni sans soleil ; leur regard ne glissait pas ; il allait se fixer droit, raide, rapide ; ses yeux paraissaient extraordinairement secs.

— Ce doit être la science, se dit Jordon ; mais est-ce la science qui fournit sa lèvre supérieure de ce duvet blond, un peu long, de ces courtes moustaches d'albinos ?

Sa face était un peu plate, mais le profil droit apparut à Jordon d'une certaine beauté, vision rapidement altérée ! Le profil gauche, incliné vers un de ses voisins, en une conversion de la douche à thé, lui sembla commun.

— Banalité, amour chanci ; de là un grain de folie, pas l'allure farceuse, mais tout de même bien impérieuse, pour être uniquement une prêtresse des sciences exactes, ou autres.

Louise, donne-nous les cigarettes.

Et Mlle Givade développa une taille assez courte, et une démarche indolente, non sans grâce, un étirement presque significatif, lorsqu'elle alla vers une crédence ; et elle rapporta des cigarettes et les posa sur la table d'une main assez jolie, en veloutant circulairement les messieurs d'un regard étonné, brun clair, aventurin dans un masque à jolies lignes, qui proportionnelles eussent été fort belles ; mais, hélas ! la cerise de la bouche contredisait le nez un peu fort ; on devinait, sous la frise frissonnante des blonds cheveux fous, un front trop haut, qui s'en allait à ses affaires en bousculant le crâne. Une reliure de parchemin, à fortes nervures, concassée, ravinée, côtelée, les tons d'or passé des lettres juxtaposé à des salissures violâtres, ce fut la main de Mme de Hessler agrippant débile une cigarette ; et celle-ci, c'était, sous des bandeaux parfaitement noirs, toute la vieillesse, une figure aux traits courts où il y avait du masque de la momie, mais blanche ; les fards et les blancs gras s'étaient concrétés comme de séculaires glaciers autour des petits clous noirs des yeux. Elle avait sur ses mains, par plaques, la couleur du socle des vieux calvaires, sur la face un stuc à peine fendillé. On eût dit que l'Archidémon ou le comte de Saint-Germain lui avait proposé, à elle, très centenaire, l'immortalité à titre provisoire et lui avait refusé le rajeunissement ; ils devaient lui accorder tous les dix ans un nouveau délai de dix ans, en échange peut-être d'épouvantables concessions. Elle avait dû être le premier amour de Paracelse. Le gallon de thé s'inclina encore vers M. Wittovich, la tête pyriforme avec sept ou huit cheveux coquettement contournés, au teint ictéromèle ; vers M. Fitzky, noirâtre, embroussaillé, sourcilleux, un œil très grand, un œil très petit, de blanches et nombreuses pellicules sur son collet, la physionomie d'un bedeau apostat, et vers M. Durandiarte l'aspect bien français parmi ces exotiques, mais si ressemblant à tous ceux qui aiment, qui comptent, qui pèsent, qui transmettent, qui écoutent, qui répondent, qui mangent et qui boivent, que personne ne devait être sûr de le reconnaître, à moins d'une longue habitude et d'une méticuleuse anthropométrie.

— Monsieur Jordon ?

— Madame.

— Dites-moi tout d'abord avec quel esprit vous désirez être mis en communication.

— Mais avec, avec... Théodore Hoffmann.

— Il le sera, il le sera, s'écria Mme de Cercelles.

— Et ne regardez pas la table comme ça, monsieur Jordon, s'écria Mlle Givade ; elle ne tournera pas quoique ronde.

— Ah ! bien !

— Dans quelques instants, dit Mme Horstgeweg, je vais aller me recueillir. Il nous faut aujourd'hui dompter l'incrédule, et le choix de M. Jordon comporte des difficultés.

— Il ne voudra peut-être pas venir : est-il rebelle (ce fut énoncé sans esprit, Jordon le reconnut au moment même où il parlait).

— Non, mais il est fantasque ; il y a fort longtemps que je ne l'ai reçu.

— Vous verrez, vous verrez, s'écria, enthousiaste, Mme de Cercelles ; c'est merveilleux.

Mlle Givade avait pris l'aspect un peu froid d'une personne dont on vient de méconnaître le rang, et elle détourna ses regards qu'elle avait jusque-là départis au nouveau venu. Ils errèrent de sa tasse à la fumée de sa cigarette, appliqués, nerveux ; et une légère moue.

Mais M. Fitzky ne laissa pas à Jordon le loisir d'approfondir.

— Vous connaissez Hoffmann, monsieur ; c'est rare, rare chez vous, et il vous est mal présenté. Ancelot, Christian, Lœve-Weimars, Toussenel, La Bédolière ont échoué à vous de le restituer intégral ; c'est bien à vous de le connaître.

— Oh, dit Jordon avec une modestie véridique, je le connais fort peu ; c'est pour cela que je désirerais lui parler.

— Et l'entendre, dit M. Fitzky, remettant les choses en place.

— Cela va de soi.

— Et l'entendre sera l'admirer. Je voudrais être à votre place, écouter avec vous.

— Mais vous le pouvez.

— Vous verrez tout à l'heure que non.

— Et pourquoi ne le demandez-vous pas ?

— Ah, monsieur, quoique je ne sois qu'un employé de banque, simplement touché par un rayon du vrai (il est vrai que j'en suis illuminé, et que mon bonheur est grand d'apercevoir ma Jérusalem intérieure et de remonter les échelons de mes êtres), je suis scrupuleux et ne voudrais point tirailler un haut esprit probablement appelé à tous les coins de l'Europe et de l'Amérique pensante. Nous devons nous garder de tyranniser les esprits, de les fatiguer et surtout d'être indignes d'eux.

— Mais, alors, qui demandez-vous ?

— Des gens comme moi qui ont fait honnêtement leur petite vie. J'ai quelquefois évoqué de grands financiers ; j'aurais voulu converser avec Law, avec les Fugger d'Augsbourg, avec le riche Lucullus, avec le vieux Rothschild ou le baron Louis ;

mais, et c'est facile à comprendre, ces esprits se sont épurés et désintéressés de l'argent, et, si on les presse par trop, ils veulent bien parler d'affaires par charité; encore, Monsieur, le monde a si changé depuis eux, les affaires se sont tellement modifiées; ils ne savent plus. J'ai évoqué l'âme d'un de mes grands-pères qui fut fort riche; M. Wittovich voulut bien être le médium. Ce grand-père, un énorme banquier d'autrefois, demanda ce que je dépensais, et me maudit dès qu'il connut le prix de mes modestes plaisirs. Il en était encore aux prix de son temps; j'ai troublé son âme et pour rien, n'est-ce pas, Wittovich?

— Bien certainement, articula celui-ci; d'ailleurs, Fitzky, sauf sur le terrain moral où vous débordez dans le meilleur sens, car vous avez bon cœur, vous n'avez rien à demander aux esprits de bien spécial; à votre place je passerais quelques heures avec d'honnêtes gens, Franklin, saint Louis, ou évoquez une fois Allan Kardec : avant d'être grand prêtre, il fabriquait des petits précis de toutes sortes de choses, il vous donnerait de bons conseils pour faire des petits bouquins sur des points de banque et de commerce, et il irait vous réconcilier avec votre grand-père.

— Vous négligez Allan Kardec, monsieur Wittovich?

— Oh! complètement.

— Kardec, s'écria Mme Horstgeweg, qui sirotait sa tasse de thé, il est aux apercepteurs de vérité ce qu'est un colleur de mathématiques à Kepler, l'Auvergnat joueur d'orgue à sainte Cécile.

— Ce qu'est un porteur d'eau à Dyonisos, flûta Mlle Givade... et elle regarda Jordon d'un air : « tu t'en mordras les doigts, mon ami. »

— Ah! j'ignorais, dit le penaud Jordon.

— A propos, Jordon, dit Mme de Cercelles, vous n'allez pas demander à Hoffmann des sujets, avec la manière de s'en servir; ce ne serait pas de jeu, vous nous mettriez dans la poche si vous collaboriez avec les génies.

— Je cultive mon humble champ, Madame; mais vous me mettez sur la voie; vous ne devez pas vous en priver. Je remarquais depuis quelque temps, dans votre production, un progrès...

— Assez, assez, flatteur et à propos j'allais oublier mes *Pieuvres*, mes pauvres petites *Pieuvres*, qui se recommandent à vous, Jordon, pour être purgées, et vos observations dont, vous le savez, je fais grand cas, où sont mes petites *Pieuvres?*

O Louise, vous êtes trop bonne, dans mon ridicule, voilà. Jordon, voici mes *Pieuvres*.

— Merci, Madame, je vous les renverrai...

— Non, venez, venez me les porter l'après-midi; venez déjeuner.

— Bien, Madame,... et Jordon engouffra l'épreuve en sa poche.

— Mme de Cercelles a un talent charmant, affirma Mme de Hessler qui n'avait pas encore ouvert la bouche.

— Un peu de thé, monsieur Jordon ?

— Bien volontiers, madame.

Lors, Edith se développa vers la théière, la souleva à bout de bras, s'en fut au bout de la pièce vers une bouilloire et s'absorba.

— Dites, Jordon, y a-t-il dans la vie d'Hoffmann une héroïne ?

— Comment l'entendez-vous ?

— Une héroïne vraie, qu'il ait aimée, dont il se soit occupé, dont il ait publié le nom ?

— Oui, Mlle de Scudéry, répondit intrépidement Jordon.

— Ah ! la célèbre.

— Mais, chère Julia, dit Mlle Givade…

— Mais oui ! mais oui ! je connais Mlle de Scudéry, je n'ai pas besoin de toi pour m'apprendre les choses ; tu étais toute petite que… (elle se reprit). Ah oui ! Mlle de Scudéry.

Louise Givade la regarda, transporta sur Jordon un regard de sphinx aux joues gonflées un petit peu, cligna les cils, rouvrit sur Julia des regards en caves brusquement flamboyantes, sourit, prit une cigarette, l'alluma à la lampe, et, ce faisant, développa sa taille un peu courte, se rassit, étendit sur la table un avant-bras amarante, et parut revenir d'un songe de mille lieues, mais se retrouver simplement, à la bonne franquette, et sans pose dans un salon agréable et amical depuis longtemps.

— Ah! Edith, j'ai choisi, déclara Mme de Cercelles.

— Pour demain?

— Non, pour ce soir, pour ce soir, ma petite Edith.

— Eh bien, qui?

— Mlle de Scudéry.

— Facile. Je m'en occuperai avec Givade dès que j'aurai pensé à notre hôte de ce soir. Reprenez du thé, je vous verse, monsieur Jordon? Continue, Julia. Je me retire. Monsieur Durandiarte, voulez-vous vous recueillir pour que je vous intranse ; voulez-vous vous recueillir par avance ou attendre ?

— Je préférerais rentrer de suite en chambre noire.

— Eh bien, venez, cher Monsieur.

— Auparavant, chère Edith, murmura Mme de Hessler, souffrez que je vous quitte, c'est mon heure.

— Ce sera long? interrogea Jordon.

— Cela est très journalier, répondit Mme de Cercelles. Parfois dix minutes, parfois deux heures : n'est-ce pas, Louise ?

— Oui, dit rêveusement la jeune fille.

— Pour la Reine de Saba, l'autre jour, ç'a été plus de deux heures.

— Oui, Julia.

— Et beaucoup plus court pour Rachel.

— Oui, elle venait plus vite quand on l'appelait, assura Wittovich.

— Et la rappelait, ajouta Jordon un peu terne.

— Ah! très bien, très bien, s'écria M. Fitzky qui leva les bras et dont la figure devint toute rouge (il sembla prêt à lancer un coricoco triomphal). Ah! très bien, bienfaisant voisinage des puissances suproterrestre heureuses de se développer près d'un vertueux et honnête milieu, sans trucs, sans supercheries! et nous sommes tous sans péchés ; c'est pourquoi la gaieté douce nous environne et nous pénètre. Salut, aube (et il leva sa tasse)! Salut, Lumière, Soleil! Salut, Lumière partie des cimes d'Himalaya, les plus hautes montagnes de l'antiquité, des pyramides de Chéops, des temples d'Eleusis, vase éclatant parmi l'échoppe de Boehm et dans le taudis de Wronski.

— Non, dit Wittovich.

— Comment non, vous m'avez dit...

— Vous ne comprenez rien à rien ; je vous interdis de parler de Wronski.

— Interdire !

— Non, Fitzky, je vous préviens, vous ne connaissez pas les chemins de la cime ; n'en parlez pas ; vous ne m'avez pas compris. Vous êtes, je vous l'ai dit, un homme de cœur.

— C'est bien, Wittovich, vous êtes bon, je le sais.

— Mais continuez, Monsieur, vous alliez dire... émit Julia.

— Mais rien, je suis content d'être ici, auprès de femmes charmantes, et dans l'atmosphère des génies de bonté ; c'est tout. Je suis heureux, très heureux ; excusez mes paroles confuses, je suis simplement très heureux.

— Wronsky est un homme très fort, monsieur Wittovich.

— Il fut, Madame ; il a écrit l'harmonie de la musique du Dieu Pan.

Et Wittovich se leva et alla vers la fenêtre, solennel comme un qui en comporte un bien plus grand que lui.

— Laissez-le, dit Fitzky à Julia ; il en a pour un quart d'heure à rêvasser. C'est un sujet qui le touche fort. Vous connaissez Wronski, monsieur Jordon !

— Moins que peu.

— C'est très difficile, ajouta Fitzky.

— Ma petite Louise, je te ramènerai ce soir, coupa Mme de Cercelles.

— Oui, si ça n'est pas trop tard.

La porte s'ouvrait. Mme Horstgeweg, rentra, pâle encore plus, l'air las, l'air d'avoir soulevé des mondes, avec M. Durandiarte, toujours quelconque.

— Là, c'est fait, voilà.

— Ça a été dur? interrogea Givade.

— Pas trop, mais je suis lasse ; je te demande cinq minutes avant de m'occuper de toi. M. Durandiarte est aussi fatigué. Prendrez-vous un verre de cognac, mon cher ami?

— Non, Madame, je préférerais un biscuit avec un verre d'un de ces bon vins de France.

Jordon dressa l'oreille, comme au son d'un écu tombé dans le lointain. Mlle Givade sourit. Mme Horstgeweg eut l'air un peu étonné.

— Ah, le vin de France, sa formule favorite, dit Fitzky.

— Oui, vos bières allemandes et l'eau-de-vie de pommes de terre, je n'y tiens pas, énonça M. Durandiarte ; c'est le vin de France qui me met en verve.

— Déjà, se dit Jordon ; Madame, puis-je maintenant m'entretenir avec Théodore Hoffmann ?

— Pas encore : ce que vous avez entendu n'est qu'un simple prolégomène ; vous emmènerez M. Durandiarte tout à l'heure.

— Mais je croyais qu'il devait être endormi !

— Oh, oh, oh, oh, oh ! beugla M. Fitzky.

— Ce qu'il retarde, déclara Julia.

— Non, dit Mme Edith, ceci n'a rien d'étonnant, et je crois que monsieur Jordon n'a été mis au fait de notre découverte que très vaguement. Voici le chemin de Dieu, voici le chemin de l'Inconnu, de ce qui était hier l'Inconnaissable :

Je possède sur moi-même, et cela m'est départi par mon ancêtre en ligne maternelle, Angèle Slingo, dont je vous raconterai l'histoire, le pouvoir d'entrer de par ma volonté en un sommeil cataleptique ; l'esprit d'Angèle Slingo que j'ai dû auparavant évoquer et qui m'est familier, à qui j'ai dû dire en une courte oraison mentale à quelle âme d'autrefois je veux parler, me communique sa force et transfuse en moi l'esprit que j'ai évoqué, soit ce soir Hoffmann. L'entrée en mon être de l'esprit étranger me réveille instantanément. Je n'ai donc plus qu'à m'adresser à un médium que je connaisse, que j'aie éprouvé. M. Durandiarte en est un ; je l'avais mandé pour vous. Je l'endors et lui transfuse magnétiquement l'esprit.

— Par où passe-t-il ?

— Par nos mains unies et serrées, et dès lors c'est fait.

— Alors, puis-je parler à Hoffmann ?

— Non ; après que c'est fait, c'est-à-dire que mon rôle est terminé, il faut quelque temps ; l'esprit, après avoir pris possession du médium, de M. Durandiarte, se recueille et se repose ; il serait dangereux, non pour lui ou vous, mais pour la clarté et le bon résultat de l'entretien.....

— Oui, coupa Wittowich, en s'avançant il faut laisser à l'Esprit le temps de bien pénétrer son spongieux truchement.

— C'est cela, dit Edith, M. Wittowich vous mettra au courant ; M. Durandiarte, vous le permettez, se reposera un instant sur ce divan ; viens, Louise.

Filzky et Mme de Cercelles se mirent à parler à voix confidentielle et basse. Wittowich éleva le ton et attira près de lui Jordon, à qui il versa ainsi qu'à lui un verre d'eau-de-vie : « Du slivowitz, connaissez-vous ?

— Non, pas encore.

— Goûtez. Oui, Monsieur, ici nous tenons la vérité; nous n'évoquons pas l'Esprit dans une table; nous ne l'effarouchons pas par le contact direct; aucune main indiscrète ne peut saisir le poignet du perisprit. Nous l'attirons, nous le captons, nous le guidons, nous le mettons pour ainsi dire, en bouteille. Vous désirez Hoffmann, le voilà (et désignant Durandiarte assoupi), voici votre paquet, et ce paquet c'est la gourde grossière où demain nous verserons Swedenborg, Gabalis, Cagliostro, un farceur, mais qui vient tant qu'on veut, Fludd, Bacon, un Bacon très érudit, des plus curieux. Enfin, vous verrez, vous reverrez, car venir ici, c'est être touché de la grâce. Et pas de truc; je vous livre votre bonhomme et vous l'emmenez; nous tenons à ce que cela ne se passe pas ici, où l'on pourrait croire que les murs ont des bouches; vous le prenez, et vous situez votre expérience, aujourd'hui, vous accomplissez votre acte de foi, demain, où vous voulez, comme vous voulez, et si le destin a voulu que vous soyez médium, c'est en vous-même que vous accueillerez la tonnante révélation et vous serez le *Génie*.

Oui, Monsieur, les fleurs pures, les fleurs des grands sommets, les amandes des amandiers millénaires; les pierreries qui se cristallisent de mille ans de deuil, de regret, de désespoir d'avoir tenu la vérité dans son regard, juste à la minute où le doigt aride de la mort vient toucher la paupière, ou de désespoir d'un amour dédaigné et trahi à travers les siècles et l'éternité; les opales qui tombent des yeux éplorés des grandes amoureuses, dans leur poursuite de l'amant, parmi les rues pâles du ciel des limbes, vous les pourrez connaître et vous verrez d'un coup flamboyer au soleil réel les millions de minarets de toute la croyance.

Vous êtes jeune, vous saurez traduire,

vous aurez le génie ! Ou, peut-être, vous tairez-vous. Vous viendrez ici, vous verrez Mme Horstgeweg, elle vous tendra les mains et vous ajouterez un tas d'escarboucles aux autres tas de diamants de votre route enchantée. Vous serez à côté de moi, sur ce divan, qu'encombre cet intermédiaire, cette souche dormeuse, et nous rêverons tous deux en silence ; je ne vous réveillerai pas, car moi aussi, j'aime songer en l'Éternel.

Mais, motus, un verre de slivowitz ? oui, excellent !

Écoutez, n'en parlez à personne ; voulez-vous savoir la vérité, toute la vérité ?

— Certes !

— Eh bien, venez me voir, demain, après votre déjeuner ; voici mon adresse — à deux heures !

Il lampa son slivowitz d'une haleine.

— Ah ! Hoffmann, comme je comprends votre désir (il avait haussé la voix) des miroirs immobiles au coin de l'être moral, la grimace d'une minute figée pour l'éternel, l'esprit qui au moment où un sage, toute sa vie un sage, pense qu'il est quelque profit dans un crime, lui touche les bras et dit : « Ne bouge plus! » Vous rappelez-vous l'Élixir du diable et la bouteille aux gorgées terribles, et cette vision vraie, exacte, oui exacte, vociféra-t-il, des objets;... le marteau de porte du magicien dans le *Pot d'or*.

Et cette douce et tendre Scudéry, il a aimé cette figure mélancolique ! Et les chats d'Hoffmann, leurs yeux, ces lampes claires sur des meubles noyés de clair-obscur, et cette prescience d'avoir deviné qu'on peut rencontrer le chevalier Gluck, ou un autre grand mort, dans la rue n'importe où ! Un peu de sliwowitz?

— Mais oui ! tout de même ! mais permettez : quand vous m'aurez livré Hoffmann, comment le faut-il traiter, comment faut-il me conduire?

— Voilà ! Mme Edith penche pour une

certaine mise en scène : l'emmener chez soi avec toute la pompe que l'on peut. Moi, voici mon principe : je traite l'esprit comme il eût aimé être traité de son vivant ; pour Wronski, quand il venait, je me procurais des tapis, des tentures, des apparences de luxe ; je mènerais, pour vous donner une idée générale, Diderot aux Tuileries par un temps clair ; Rousseau, à un opéra de Wagner ; Sainte-Beuve, je le mettrais dans un fauteuil près d'une pile de livres nouveaux, et il sourirait avec réticence. Enfin ! saint François d'Assise, aux coteaux de Meudon, en belle nature. Très *grosso modo* ; je dis cela très *grosso modo* ; il faut y avoir réfléchi, pour chacun, mûrement, et pour quelques-uns... ce sont mes secrets.

— Mais pour Hoffmann ?

— Eh bien, eh bien, vous êtes jeune et spirituel, vous l'amuserez. Un soir, comme celui-ci, de son vivant, il fût allé au cabaret : eh bien ! menez-le au cabaret.

Et Wittowich retourna au plateau à cigarettes.

Jordon avait mal à la tête; l'atmosphère lui parut blafarde. Wittowich s'était absorbé. Durandiarte reposait. M*me* de Cercelles et Fitzky causaient toujours et celui-ci prenait des notes. Jordon seul se promena au long de la pièce et regarda les murs, les meubles, à la paroi des portraits, une reproduction de la *Chimère* de Moreau, la *Fata Morgana* de Watts, le *Samson* de Jean Steen, un passe-partout avec des photographies de femmes, un portrait d'Anton Rubinstein, une bouilloire en nickel sur pied, et la table ronde, massive, énorme, et les broussailles noires de Fitzky, et la beauté mûre de Julia.

Celle-ci se leva et vint à lui.

— Vous vous ennuyez ?

— Non, pas du tout, très intéressé. Dites, Julia, est-ce que j'ai bien demandé le grand jeu ?

— Mauvais plaisant ! vous allez être persuadé ; votre route, quelle qu'elle soit, sera un chemin de Damas.

— Et vous ?

— Moi, je crois.

— Cette Angèle Slingo, elle l'évoque, vous l'avez évoquée.

— Non, elle ne la communique pas.

— Elle l'a toujours avec elle ?

— Mais oui, mais cet esprit ne veut pas se dévoiler aux étrangers. Elle aide Edith, vous savez ; il n'y a pas de bonne ici et tout est toujours fait.

— Ah bah ! alors quand nous descendrons, ce sera l'âme d'Angèle Slingo qui nous éclairera ?

— Jamais de la vie !

— Pourquoi non, si elle fait le ménage ?

— Mais cela pourrait effrayer des voisins ; ou si un profane se montrait, elle s'évanouirait en jetant la lampe ; et alors...

— Voici, c'est fini, s'écria joyeusement

Mme Horstgeweg ; voici Louise prête ; ne la fatigue pas trop, n'est-ce pas, Julia ?

— Eh bien, alors, dit Julia, partons !

— Eh, Durandiarte ! Durandiarte !

— J'y suis ! j'y suis !

— Ne te dérange pas, Edith, ne te dérange pas.

— Mais qui vous éclairera ?

— Moi, dit Fitzky avec autorité.

Et dehors ils s'espacèrent. Jordon appela un fiacre pour les deux dames, donna l'adresse au cocher, et prit la rue Dauphine avec son Esprit.

IV

Jordon, homme d'ordre, voulait voir clair en lui et se demandait, en somme, pourquoi il avait désigné Hoffmann. Les œuvres de l'écrivain allemand ne lui étaient pas familières. Peut-être était-ce parce que, d'après son propre avis, poète élégant, narrateur imaginatif, habile à nouer des péripéties, il avait toujours échoué quand il avait tâté du fantastique. Oui, certainement, jamais une idée d'un fantastique décent n'avait hanté ni ses nuits de travail, ni ses nuits de sommeil. Peut-être aussi était-ce cet étrange milieu, et l'aspect fantomatique de Mme de Hessler, ou les accointances germaniques des meubles bizarres qu'il avait vus; bref, c'était Hoffmann, va pour Hoffmann! et sans nul doute, s'il eût demandé Du Guesclin, on lui eût également fourni ce passif monsieur qui circulait sans mot dire à côté de lui. Puis, il s'agissait de situer l'expérience.

— Monsieur Durandiarte, vous plairait-il de prendre un verre de bière?

— Merci bien, je n'y tiens pas ; mais si vous voulez, je prendrai autre chose tandis que vous vous consacrerez à la bière.

— Allons! N'est-il pas indiscret, Monsieur, de vous demander ce que vous faites dans la journée, de votre métier?

— Indiscret, non, mais peut-être inutile ; je suis, le soir, médium, médium à incarnations.

— Ah! pardon de vous avoir questionné ; cela me gêne pour un autre renseignement que je vous eusse demandé : est-ce une fonction que vous remplissez, ou êtes-vous là à titre purement amical?

— Purement amical; vous pouvez paraître sans crainte avec moi dans un café, je suis un gentleman.

— Je n'en doutais pas, et ce n'est pas cela; simple curiosité...

— De sceptique, vous avez tort, vous verrez.

— Vous me promettez des merveilles?

— Oh! je ne promets rien, et rien ne dépend de moi. L'Esprit agira comme et quand il voudra.

— Entrons donc ici, Monsieur.

Une brasserie claire et vide.

— Garçon! Vous prenez, Monsieur? du cognac; et moi un demi. Cette Mme de Hessler est bien silencieuse.

— Oh! c'est, paraît-il, une femme pleine de savoir et qui a eu de grands malheurs; ce soir elle était inutile.

— Pourquoi? Il y a des soirs...

— Oui, quelquefois elle fait la chaîne magnético-mystique.

— Et comment ?

— Voilà ! parfois Mme Edith n'arrive pas, par la simple union des mains, à transférer l'Esprit. Cela n'arrive pas avec moi, mais bien et souvent avec mon camarade Dubonnois, que vous n'avez pas vu ; il n'est pas venu. Dubonnois a les mains moites; c'est, paraît-il, un grand obstacle. Aussi quand c'est lui qu'il faut intranser, Mme Edith intercale, entre elle et lui, Mme de Hessler. Celle-ci prend la droite de Mme Edith et la droite de Dubonnois. M. Wittowich s'est prêté parfois à ce rôle, mais pas ces jours-ci.

— Il vient beaucoup de monde chez vous ?

— Beaucoup et du meilleur ; des gens qui veulent revoir de glorieux ancêtres, des curieux comme vous ; et puis Mme Edith poursuit de grands buts : elle aide généralement les pauvres enfants naturels qui veulent retrouver leur famille. Elle aide, de toutes ses forces, ceux envers qui la loi des choses semble avoir eu tort. Belle découverte, Monsieur ; belle découverte que celle de cette dame.

— Encore un verre ? je prendrais volontiers un demi.

— Soit, Monsieur.

— Et puis nous irons ailleurs, dit Jordon, car j'ai assez vu le désert de cet endroit.

Près des Halles, vers un cabaret, Durandiarte ralentit le pas assez significativement. Mais Jordon n'y fit point attention. Durandiarte alla jusqu'à dire ; « On n'est pas mal ici » ; mais Jordon avait son idée. Il tourna son Durandiarte du côté de la Bibliothèque, non loin de cet établissement dont Jordon connaissant à merveille les détours et surtout les entours, possédant en lui-même une merveilleuse carte de toutes les haltes que l'on peut faire dans une périphérie assez grande du Palais des Tomes, il amena son compagnon jusqu'à un étroit escalier, et lui dit :

« Descendons. »

L'autre, un peu étonné :

— « Qu'est-ce que ça peut bien être ?

— Vous verrez ! la bière est bonne, elle y est très bonne. — Et, pensa-t-il en descendant, toi, mon garçon si là dedans tu ne te dégottes pas l'âme d'Hoffmann, ce sera à y renoncer.

Cette cave avait été le café des Aveugles, et d'autres choses à la suite. Enfin, un savant, un Allemand de Bohême, Herr Schindler, connu pour ses remarquables travaux sur l'épigraphie de la période arminienne, et son histoire du concile de Carlsbad, avait indiqué cet endroit à un de ses compatriotes en mal de situation, en lui promettant sa clientèle et celle de quelques francs romanistes, phonétistes et orientalistes ; il n'était pas improbable que, la chose devenant notoire, un encombrement de Laroussistes s'y produisit. Bref le café des Aveugles était devenu un comptoir de bière de Pilsen, et une vraie cave, non point une cave pour étrangers ; car la taverne d'Auerbach à Leipzig n'est qu'un sous-sol : on y est mal, et par un vitrage on voit défiler des théories de pieds colossaux ; c'est gênant. Il y a bien une vraie cave au-dessous ; mais elle n'est que de parade, ornée de futailles d'apparat, décorée de fresques, vineuses, il est vrai, œuvre d'un professeur de l'Académie de Dresde, protestation solide contre l'école française du plein air, et heureusement non indélébile, puisqu'elles s'écaillent ; mais la cave d'Auerbach n'est pas une cave. Le Rathaus de Berlin est trop grave, trop majestueux, trop arrangé pour les touristes ; ce n'est pas une belle et bonne cave ; la cave du Lion et celle de la Bourse, qui se trouvent dans toutes les villes, sont généralement des caves où l'on mange, et non des caves où l'on boit. Pour voir une vraie cave faite sur le modèle des anciennes *Kellers*, il faut venir à Paris, au Palais-Royal ; si la nombreuse clientèle promise par herr Schindler n'était pas venue, Jordon, tout seul, par flair, par désir d'être complet, avait éventé l'endroit, et y venait rêver. D'ailleurs il ne fallait pas s'attendre à y voir la bière de Pilsen étinceler, fraîche sortie du tonneau, dans ces verres tailladés au microscope, qui en Bohême lui donnent, sous le gaz, l'aspect d'une fusion violente de topazes ; on l'apportait dans des bouteilles opaques ; on posait, devant les buveurs, de ces verres sans style que les limonadiers destinent à ces chicorées dénommées, d'une façon fanfarante et trois couleurs, des mazagrans ou des glorias ; mais ce n'en était que plus hoffmannesque. La cave du Reflet-Perdu devait avoir cet aspect. Le maigre buffet où le *Gotha* alternait avec le *Salami*, les assiettes prêtes avec une petite pipe en terre blanche et un cornet de tabac, le couloir étroit qui servait de première salle, le boyau qu'on découvrait en contournant un pilier et qui menait à des alvéoles obscures, les chattières grillées, tout cela était sinon du temps et de la juste couleur, bien dans le ton général.

— Asseyons-nous, dit Jordon, et... son compagnon, encore Parisien, encore contemporain, dit avec simplicité : « Ce n'est pas somptueux. »

Ils étaient à peu près seuls. M. Durandiarte n'aimait pas beaucoup la bière ; mais, sur l'assurance de Jordon qu'elle était de provenance directe ; qu'elle ne franchissait, grande vitesse, qu'un millier de kilomètres pour venir le trouver, lui Durandiarte, commodément assis, fumant notarialement sa pipe, et tout uniment en promenade amicale il se décida, et lappa à distancer rapidement son vis-à-vis ; bientôt Jordon s'aperçut que le médium clignait des yeux, se balançait en mesure sur sa chaise, posait et reposait sa pipe fréquemment, poussant vers la droite son nez pour le rabrouer subitement vers la gauche, prenait alternativement d'une seconde à l'autre un air entendu ou embarrassé, prenait et reposait son verre ; enfin, avait l'air de frapper les trois coups de son spectacle, ou bien d'être gêné par quatre petites bouteilles mises à l'écart sur un coin de la table, comme désormais sans secret; inspiré ou affadi.

Ce fut avec sollicitude que Jordon lui demanda « monsieur Durandiarte?... »

— Connais pas, connais pas, monsieur!

— Vous ne connaissez pas M. Durandiarte!

— Et d'où le connaîtrai-je!... Ah que c'est loin tout cela!

— Mais quoi!

— Le temps où je pensais, où je vivais, Berlin n'était pas une grande ville ; je me suis laissé dire que cela a beaucoup gagné depuis. Mais où suis-je? Où es-tu, Théodore Hoffmann? Il me semble avoir quitté le ciel des limbes, retrouver un ancien ami; je crois vous reconnaître... une affectueuse soirée devant des flacons!! qui êtes-vous?

— Amédée Jordon, homme de lettres.

Durandiarte-Hoffmann passa sa main sur son front.

— J'en ai vu beaucoup d'hommes de lettres, depuis que je suis mort, beaucoup; on m'appelle tant. On se figure que je suis le roi de l'Épouvante; on m'a convoqué, il n'y a pas longtemps avec un de mes concurrents d'autrefois, un homme tout à fait remarquable, Edgar Poë, un esprit aux manières tout à fait séduisantes, un peu froid. C'était chez un écrivain embarrassé. Il cherchait, pour un drame à la Porte-Saint-Martin, un dénouement, quelque chose d'un peu étourdissant, d'un peu réussi, avec des sauriens...

— Eh...

— Oui, des osauriens, ce n'est pas cela... votre langue est difficile; des dinosauriens, oui, c'est cela, dinosauriens.

— Et ça a marché?

— Mais oui, pas mal; mais nous, les Esprits, nous n'aimons pas qu'on nous demande des tuyaux, pardon, des conseils.

Et il regarda de travers le garçon qui, sur un signe de Jordon, venait de placer de nouvelles bouteilles.

— J'aimerais mieux, un peu d'eau-de-vie.

— Bien, bien... On servit.

— Alors je disais, j'en étais...

— Vous me parliez d'Edgar Poë.

— Ah! oui! je le rencontre assez souvent...

— A la brasserie de l'Infini.

— Je fréquente peu les brasseries... c'est par exception, ce soir... Est-ce qu'on me lit encore en France?

— Beaucoup! mais ne puis-je vous demander ce qui se passe dans le ciel?

— Ah! s'il ne m'était pas interdit de dire les secrets de ma prison, je te ferais un récit dont le moindre mot labourerait ton âme, glacerait ton jeune sang... — Et il regarda Jordon, il était très aise de son petit étalage de science.

Un homme fort, ce Shakespeare; mais je ne veux pas te leurrer; ce n'est pas cela; on y est très bien; ce qui est ennuyeux, ce sont les farceurs.

— Ah! comment?

— Mais oui... vous allez chez les spirites; vous demandez quelqu'un, moi ou un autre, Béranger, Molière, etc... Eh bien! souvent la requête ne parvient pas à nous qui sommes dans les hautes planètes; elle est interceptée par des âmes lourdes et basses encore tout près de vous, et qui débitent quelles sottises!

— Mais, dit Jordon, avec Mme Horstgeweg cela n'arrive pas?

— Non, c'est une bonne maison, dit Durandiarte-Hoffmann, d'un air rêveur; je ne travaille que... je veux dire, que je n'obéis qu'à son appel.

— Et quelle langue parle-t-on, au ciel?

— Oh! on finit par les savoir toutes, ceux qui veulent...; mais généralement c'est le français qu'on utilise.

— Comme dans la diplomatie!

L'autre ne répondit pas; il buvait un verre d'eau-de-vie; il semblait heureux et méditatif.

— Je vous ai demandé, dit Jordon; mais je ne suis pas complètement au courant de vous; quelle est votre dernière œuvre? La mort n'a-t-elle pas interrompu...

— Je ne sais plus, dit l'Esprit, évidemment préoccupé d'échapper aux questions trop particulières; qu'est-ce que cela fait à notre âme immortelle? Perdons-nous plutôt dans la contemplation de la vie qui cesse pour se recommencer, qui se recommence sans cesse. L'échelle de la vie éternelle est infinie. Elle plonge ses racines en votre pauvre monde et s'élève, et s'élève!!! Tout est éternel. Les ombres passent et repassent devant le visage de Dieu ; la sagesse du Tout-Puissant circule par toutes les fibres du Devenir.

(Il avait assez l'air de réciter une leçon.)
Jordon le coupa :
— N'irions-nous pas ailleurs?...
— Sans doute, si vous voulez.

Jordon paya. Hoffmann eut l'air de considérer avec curiosité la monnaie qu'apportait le garçon ; il regardait les effigies.

— En voulez-vous une? dit Jordon.
— Non! qu'en ferais-je? bon Dieu, qu'en ferais-je!

Dans la rue, Hoffmann s'appuya un peu lourdement sur le bras de Jordon.

— Oui je vais dans le ciel, le soir ; je me promène, je fais cent lieues de notre allure rapide. Je rencontre Mlle de Scudéry que j'ai tant aimée ; et nous causons des reflets de la vie sur notre bonheur durable. C'est charmant. Elle était, tu le sais, très charmante. Elle était belle et brune, très élégante, lorsque je la rencontrais à Berlin, et maintenant elle flotte près de moi ; j'ai hâte de te quitter, pour remonter au ciel.

Avec de menus propos où Jordon tentait de revenir à la littérature, et Durandiarte de parler simplement du ciel, conçu comme séjour des bienheureux, avec des palais pour les sages, des colloques entre génies, bref des souvenirs de ces dialogues des morts qui ont dû fournir la première idée des révélations à la table tournante, ils avaient atteint les Halles.

Jordon se croyait tenu de conduire Durandiarte au cabaret qu'il aimait. Après tout le pauvre diable faisait son possible.

Ils poussèrent la porte, et dans la salle violemment éclairée, des guitaristes faisaient rage. Des gens à une table envoyèrent des signes amicaux à Durandiarte ; il y répondit le moins possible, d'un signe de tête contraint.

— Que prenez-vous ? lui dit Jordon.

— Du vin, du bon vin de France, c'est cela seul qui me met en verve. J'ai écrit mes meilleures choses sous cette influence; garçon, du vin !

— Vous désirez, monsieur !

— Du Pomard, n'est-ce pas, monsieur Jordon ; du Pomard, pas du p'tit bleu, du vieux Pomard. Ah ! que c'est bon, monsieur Jordon, de revenir parfois sur la terre, et foin de la lourde bière ! du vin, du bon vin, du vin de notre France ?

— Comment, de votre France !

— Ah ! j'oubliais, et Durandiarte s'absorba ; un verre, deux verres échauffèrent sa face. Il répondait à Jordon par monosyllabes; celui-ci, d'ailleurs occupé du spectacle de la salle, le laissa tranquille, près d'un quart d'heure. Durandiarte fermait les yeux, il somnolait.

Jordon craignait le sommeil total, et brusque :

— « Maître ? »

— Hein !

— Monsieur Hoffmann ?

— Connais pas, monsieur, connais pas, éructa-t-il. Je suis Durandiarte, médium à incarnations, et, comme une fille plus loin s'esclaffait : « Oui ! on me connaît, je suis Durandiarte, médium à incarnations. On me connaît ici, répéta-t-il à Jordon. Musiciens, musiciens, jouez le *Père la Victoire*. Oui, Monsieur, Durandiarte médium à incarnations. Buvons encore une bouteille, n'est-ce pas ? Oui ! vous voulez bien ! vous êtes un Mécène, un zig. — Eh ! face de son (c'était un garçon qu'il interpellait), du Pomard comme s'il en croulait.

— Bonjour, les amis, cria-t-il aux gens qu'il avait d'abord négligés, ça va bien ?

— Mais très bien, lui répondit-on...

Et le loustic du groupe entonna immédiatement la chanson célèbre :

Ohé ! Durandard, tu t'es fêlé la cafetière...

— Ah! ah! dit Durandiarte d'un air en effet, fêlé ; en effet, ces gens manquent de mesure : on plaisante ! on ne chahute pas. Mais, voyez-vous, ces employés de commerce, ça va, ça vient, ça se fatigue, c'est content de se trémousser et de s'amuser. N'importe...

— Vous êtes dans le commerce, monsieur Durandiarte ?

— Je suis Durandiarte, médium à incarnations.

Il rebut...

— Vous êtes un solide, ça se voit. Eh bien, je suis tout de même Durandiarte ; mais dans la journée, chez M. Edouard Jordon, un patron un peu sec, un peu dur... Vous le connaissez ?

— C'est mon oncle.

— Ah! tonnerre, je n'y pensais plus, me voilà propre. C'est vous, monsieur Amédée, monsieur le neveu... Je n'y pensais plus. Qu'on est bête quand on a bu ; aussi vous êtes là à m'insuffler des liquides ; vous voulez me faire causer.

— Mais non, mais non, je vous ai rencontré chez Mme Horstgeweg...

— Ah oui ! elle aurait bien dû prendre Dubonnois.

— Soyez tranquille, je ne dirai rien à mon oncle.

— Oui, faites ça ; vous serez un bon, un brave, un solide. Voyez-vous ! je ne suis pas un mauvais employé ; on sait un peu d'allemand et d'anglais ; on n'est pas manchot ; mais votre oncle est sévère. Avec ça il est, pour tout vous dire, un tantinet chien. Ça fait qu'il faut bien faire quelque chose le soir. Y en a qui jouent dans les orchestres ; mais moi, voilà ma veine, c'est du piano que je travaille, et pas assez bien pour qu'on m'en colle un devant les masses. Alors des sales bouis-bouis ? Je ne peux pas. Ou tenir des livres chez des petites gens... c'est pas possible ; votre oncle serait furieux.

Alors, je suis médium à incarnations...
c'est rageant.

— Mais, est-ce lucratif?
— Bah! à la commission.
— Je ne comprends pas...
— D'après ce que rapporte l'affaire!
— Alors, on demande de l'argent.
— Ce n'eût pas été votre cas, à vous qui êtes dans les journaux. Vous, vous étiez probablement pour faire connaître l'affaire. Mais Mᵐᵉ de Cercelles doit savoir ce que ça lui coûte...

Et Mᵐᵉ de Hessler?

Elle fait la chaîne magnétique. Je ne sais que cela; je ne suis qu'employé. Voyez-vous, chez Mᵐᵉ Horstgeweg, c'est comme dans les bonnes maisons : on a chacun son rayon; mais il n'y a que le patron qui sait tout. Enfin! qui veut la fin, veut les moyens!...

Il ne dit plus rien, et s'accota la nuque au mur; il semblait avoir envie de dormir.

— Monsieur Durandard, vous avez l'air un peu fatigué ; voulez-vous que je vous remette chez vous ?

— Oh non, merci, monsieur, merci bien ; je suis très bien, un peu fatigué, mais je suis très bien !

— Parce que, moi, j'ai besoin de rentrer.

— Eh bien, ne vous gênez pas ; je boirai un verre avec les camarades-là, en face.

— Eh bien, au revoir, monsieur Durandard.

— Au revoir ; pas de narration. Hein ! votre oncle. Hein ! lui pas savoir !

— Exit Jordon ; derrière lui la salle hurlait : « Ohé ! Durandard ! », etc... Il remonta chez lui par le chemin le plus détourné en prenant soin de passer devant un petit cabaret où l'on vendait déjà les journaux du matin.

V

Jordon dormait de son mieux. Il lui sembla qu'une souris grattait à sa porte; non, c'était une bête plus grosse, un rat, un chat qui griffait, un gros chien qui grattait, ou un âne qui ruait dedans, un cheval, un monstre énorme fracassant les planches comme des lianes fragiles. Il se réveilla en sursaut.

— Qui est là?

— C'est moi, dit une voix flûtée; moi, Mme Drèche, je me permets de réveiller monsieur, parce qu'il est près de onze heures.

— Diable, diable, j'arrive... Et de sauter sur le tapis, de se couvrir, de s'ondoyer, et ouvrant la porte... :

— Vous vous êtes levée rudement tard, ce matin, madame Drèche !

— Si l'on peut dire ! c'est peut-être monsieur qui est rentré tôt.

— Vous avez dû m'entendre, en effet.

— Mais oui, monsieur, habituellement c'est Drèche qui tire le cordon, et qui s'occupe de ça; mais, cette nuit, j'étais éveillée!

— Ah! ah! madame Drèche.

— Ah! monsieur, j'avais bien du chagrin; vous savez que Drèche aime un peu à se piquer le nez, pas souvent; c'est bien permis; mais lui il est employé de la Ville, il est à l'octroi, et je lui dis toujours : « Drèche, si tu veux t'amuser un brin, amuse-toi en civil; qu'est-ce que ça te fait de prendre tes vêtements gris?... » Et il m'écoute. Mais, bon sang, l'autre jour, je ne sais pas ce qu'il avait. Il m'a envoyé promener au milieu de sa toilette, sous prétexte que j'avais égaré son chapeau; il est parti, avec son képi, retrouver des camarades, et il s'est attardé, il a attrapé son plumet, et pour sûr qu'il a été vu; peut-être par un chef ou des sergents de ville; j'ai pourtant jamais de contraventions; enfin on l'a dit, et il a été savonné. Aussi, ce qu'il est rentré dans un état, et nous n'avons pas beaucoup dormi, vous pensez bien.

— Allons, madame Drèche, ne vous faites pas de bile, ça se passera.

— Ben, je pense bien que oui, mais il m'a fallu le rassurer; si ça pouvait le corriger. Encore ce matin, il était tout ému; il m'a fallu l'arranger, lui faire du café exprès.

— Comme le mien.

— Oui, monsieur, aussi bon que le vôtre. Ah! monsieur, voici votre courrier; je l'ai arrangé, comme monsieur l'a dit, en pyramide. (Il y avait un journal, et une lettre dessus.) C'est une belle demoiselle qui a apporté ça ce matin. Elle désignait la lettre. Jordon s'absorba :

« Cher monsieur

« Vous n'êtes guère malin ; si vous n'avez pas été content d'Hoffmann, trouvez-vous à cinq heures au parc Monceau, près du bassin et des canards multicolores, vous y trouverez quelqu'un que vous connaissez.

« Une Dame. »

— Tiens, tiens, encore une blague. Sont-ils prenants, ces spirites ! à deux heures le savant, à cinq heures une dame ; ils me mettront sur les dents. Enfin, allons jusqu'au bout. J'ai le temps de déjeuner, mais je n'en ai pas envie follement. Où demeure-t-il cet extravagant ? Ah là-bas ! par delà les bâtiments de la compagnie d'Orléans. Enfin ! enfin ! madame Drèche, montez-moi donc un bifteck.

Comment était-elle, cette demoiselle ?

— Je ne sais pas, je n'étais pas là. J'étais sortie une minute, c'est la concierge d'à côté qui était sur le pas de sa porte, et elle m'a dit qu'elle avait vu une jeune personne embarrassée avec sa lettre, alors qu'elle l'a prise et elle me l'a donnée.

— Bien, bien, madame Drèche, vaquez à mon déjeuner.

VI

M. Wittowich reçut Jordon dans une chambre fort peu meublée; le plus saillant ornement était un piano, mais tellement surchargé de livres, de brochures et de bouteilles qu'il semblait difficile que son propriétaire en fit un usage quotidien. Néanmoins pour rompre les premières glaces Jordon jugea convenable de lui demander s'il était musicien.

— Plus maintenant, répondit-il; mais je garde cet instrument, des souvenirs..... Voulez-vous prendre un peu de café?

— Mais oui, mais oui!

— Je l'ai préparé dans mon belvedère; venez, nous serons mieux qu'ici.

En effet, M. Wittowich, dans les combles de cette maison, possédait une pièce obscure, celle où il reçut Jordon, un escalier colimaçonnesque, celui qu'ils grimpèrent, et une petite gloriette vitrée sur les toits, où il y avait un guéridon, du café, trois tasses, deux chaises et un fauteuil. Il tendit une chaise à Jordon, en prit une, et lui dit :

« Je ne vous offre pas le fauteuil, c'est sa place; s'il venait, c'est peu probable, mais s'il venait, il ne serait pas content.

— Qui, demanda timidement Jordon.

Wittowich ne répondit pas. Il paraissait tout entier à sa lampe à esprit-de-vin ; il fit silencieusement ses derniers préparatifs, alluma sa pipe, invita Jordon à fumer s'il en éprouvait la moindre envie. Jordon tira de sa poche un cigare. Il regardait par les vitres de la logette, et c'était fort beau, par ce clair soleil, déjà un peu tiède, la Seine vaste et claire, de Notre-Dame jusqu'aux quais larges, presque de port de commerce, les tonneaux énormes, les bateaux glissants, les remorqueurs mugissants, les maisons dartreuses, les affiches énormes peintes à cru du mur et en face une marmaille et une drague rivalisant de bruit.

— Vous êtes très bien ici, monsieur Wittowich.

— Oui ici, mais en bas c'est bien sombre.

Enfin c'est en ce belvédère lumineux que Wittowich respire, c'est en bas dans la chambre obscure qu'il se couche pour dormir, et je l'espère, se couchera bientôt pour mourir.

— Pas de sitôt, il faut l'espérer.

— Oh! au plus tôt. Mais je ne vous ai pas fait venir pour vous parler de mes chagrins, je vous ai promis la vérité, toute la vérité; vous la saurez.

Tout ce qu'on fait chez Mme Horstgeweg (il accentuait chaque mot), c'est de la blague, de la simple blague; non pas au sens premier du mot. Mme Horstgeweg est une femme très sérieuse, très instruite, douée remarquablement pour les recherches de la science, intuitive; d'ailleurs cette faculté qu'elle a de recevoir les esprits, ce n'est pas une qualité qui s'acquiert, c'est un don, c'est de la prédestination. Mais *qui* l'a prédestinée, qui lui parle, là est *toute* la question. On évoque Hoffmann. Est-ce Hoffmann qui vient?. je dis Hoffmann à cause de vous, à cause d'hier soir; mais quand on invoque mettons Pascal, supposons Leibniz, qui vous voudrez, le tout est de savoir si ce n'est pas Astaroth qui vient; oui, Astaroth ou un de ceux que l'humanité enveloppe sous le nom générique de Méphistophelès... Si c'était le démon ? Les enseignements du Salon des sciences exactes, seraient radicalement entachées; révélations, oui ! mais sardoniques, mais intéressées, mais révélations du mal... Eh bien, Monsieur, c'est cela, c'est cela. Avez-vous eu un Hoffmann intéressant ?

— Mais à peu près !

— Pas très intéressant.

— Mais pas trop ; très d'aujourd'hui, trop d'aujourd'hui.

— Ah, il y a peut-être eu mélange ; c'est-à-dire une fusion inopportune de l'esprit évoqué et de la matérialité qui le transporte ; vous avez été au cabaret ?

— Oui.

— Peut-être, M. Durandiarte a-t-il bu ?

— Un peu, très peu d'ailleurs.

— C'est un tout récent médium, pas très aguerri. Et puis, voyez-vous, Monsieur, le démon est toujours prêt ; il a voulu faire la bête ; si c'était lui l'incarné, ou si c'est vraiment Hoffmann qui est venu, le démon est dans tout ; il se glisse à la mousse des bières ; il hante les profondeurs de l'alcool ; il change le goût du vin clair ; il est multiple et terrible ; il est trop drôle, trop facétieux ! J'en sais quelque chose.

— Ah ?

— Eh bien, la vérité, tonna Wittowich, la voici : vous connaissez l'hérésie, l'hérésie de Valentin, la théorie de dieu et du démiurge.

— Oui, pas très bien.

— Eh bien, Valentin, un des gnostiques, savait qu'il y a deux mondes, l'un invisible et pur, où trente essences divines, les Éons, émanent éternellement du sein de Dieu, et l'autre visible, tangible, le nôtre, qui est l'œuvre du démiurge, un dieu secondaire. Ceci est vrai ; ce qui est certain aussi, c'est que le démiurge, c'est l'archi-démon ; ce qui est certain aussi, c'est que l'Archi-démon a des lieutenants. Combien ? peu, beaucoup, je n'en sais rien ; mais ce qu'il y a de certain, c'est que j'en connais un.

— Il a pu vous renseigner ?

— Comment voulez-vous que j'ajoute foi aux déclarations de l'esprit d'erreur ? Il serait peu scientifique d'accepter ses affirmations ; il se refuse à me donner aucun moyen de le contrôler; donc, je rejette; tout ce qu'il me dit, c'est pour moi hypothèse ou mensonge ; ce dont je suis sûr uniquement sûr, c'est de son authenticité, de sa présence, de la connaissance parfaite qu'il a de moi et de ma vie, de ma pensée, instantanément et profondément ; ma pensée est pour lui comme une petite boîte, et il l'ouvre, et comme ces boîtes japonaises que vous connaissez, elle engendre infiniment d'autres petites boîtes, qui exactement s'emboîtent, et la dernière qu'il ouvre contient parfois une vilaine araignée. Ah! il me tient; je n'ai pas su le dominer, il me tient.

— Je croyais, monsieur Wittowich, que vous vous occupiez de science. Vous êtes wronskyen, m'a-t-on dit.

— Je l'ai été. Mais Wronsky était un cerveau purement scientifique; il ne peut m'aider dans ce monde de recherches nouvelles, ardues, qui se sont ouvertes par ce seul fait. *Il y a un démon qui vient chez moi.*

— Comment est-il ?

Wittowith se baissa, attrapa sous le fauteuil une boîte, l'ouvrit, en tira un cliché photographique, le mit en bonne place devant les yeux de Jordon : « Voilà ! »

C'était Wittowich lui-même, mais vu comme en un miroir déformant, la face très allongée. Une infinité de rides que n'avait pas Wittowich, le sillonnait, striait, plissait, godronnait, bouillonnait ; les yeux étaient vitreux, morts.

— Il me l'a donné, murmura Wittowich ; il a toujours une redingote noire et une cravate blanche ; il s'appelle « Ah ! si. » Il est poli, cérémonieux, mais il est terrible. Il a glissé un jour par la fente de la porte, il était mince comme une feuille ; il a repris corps, s'est assis devant moi et m'a répété ma pensée, et depuis ce jour-là je n'ai plus eu de repos, et s'il le fallait croire, c'est effrayant.

— Quoi?

— Mais que tout le monde peut être entre les mains d'un de ses pareils.

— Et comment?

— Non seulement le démon a créé le monde, mais encore il le surveille, le perfectionne en son sens; si le monde est à vos yeux un jardin, mettez qu'il y greffe, qu'il y émonde, qu'il y marcotte; si pour vous le monde est une inconsistante nébuleuse, mettez qu'il cisèle le vide et la brume. Enfin, sur la surface finie, diligent ouvrier, il va, crée, orne, augmente, retranche, complique. Il a pu laisser soupçonner, deviner que c'est lui, le grand Ouvrier; il ne peut pas le laisser affirmer. Pourquoi? secret des plus hautes puissances! mais ce monde est néanmoins sa ferme.

Quand un savant est sur le point de toucher la clef d'un de ses grands problèmes, que fait le démon? Il a des lieutenants, il a une foule de sous-ordres engendrés de lui et des filles de la terre, qui obéissent impulsivement à ses désirs. Il jette à ce savant, s'il est tangible par des coins terrestres, une plaie lucrative et astreignante, des honneurs où il s'endormira.

S'il croit deviner l'incorruptible ou l'acharné, il se dévoile, il se démontre. Et cela, il l'ose, car ses apparitions sont tellement rares, que ses descendants, que ses clients sont fondés par le populaire à les nier. Et alors la légende, la persécution, les vexations, les vilenies et la torture de sa cuisante présence. Il m'en a jugé digne. Aux premiers temps, la grosse surprise passée, la terreur amollie, j'ai cherché à m'en débarrasser. J'ai voulu ruser avec la Ruse. J'ai joué le fou. Quand il entrait (car, au début, il était cérémonieux, glissant par la fente de la porte ou de la fenêtre), je prenais un air sot, et je dansais, oui, monsieur, moi Wittowich, un humble penseur, *mais* un penseur, j'esquissais une grotesque imitation faite en toute ignorance, de ce que d'autres dénomment le Chahut. J'agitais stupidement, à dessein, mes bras et mes jambes. Me croirez-vous si je vous dis qu'à ces contorsions grotesques, j'ai mêlé parfois des mouvements purement animaux, simiesques, comme de grignoter des noix imaginaires et de me gratter avec vivacité le sinciput? Peine perdue, Monsieur, au bout de trois ou quatre essais, qu'il avait suivis avec curiosité, il m'a traité de fumiste et s'est étendu sur le divan de cuir que vous avez vu en bas : « J'attendrai que vous ayez fini. » Et cela, d'une voix inoubliable ; « Vous êtes un enfant, un vieil enfant, mon cher », ... et depuis, c'est à toute heure : il jaillit de la porte, s'abat du plafond, sort d'entre les feuillets d'un tome; à peine garde-t-il la mesure de ne me point déranger quand je suis en compagnie, afin, dit-il, que je ne puisse répandre le bruit que les employés du diable ne sont pas polis et hommes du monde... Encore m'a-t-il signifié que cela cesserait, et que bientôt il allait entrer dans la période des taquineries et alors je serai perdu, perdu pour les autres, comme je le suis à mes yeux, et je ne pourrai continuer à rechercher l'éternelle vérité !

— Mais que fait-il de pis que de vous gêner ?

— Ah ! Monsieur, que vous êtes heureux d'être simple ; je veux dire, ne connaissant que le monde extérieur ; mais quand le diable taquine, c'est la période affolée, où l'on sort en habit noir, sans cravate et en calotte grecque ; où l'on prend un bureau d'omnibus pour le bureau de poste : on demande un timbre et on sort parmi un rire général. Vous allez à vos affaires, décemment habillé, un fiacre diabolique vous éclabousse ; au seuil du ministère où vous devez solliciter, la semelle d'un de vos souliers vous quitte ; vous confondez les personnes ; l'allumette que vous enflammez au café se jette sur un journal qui flambe instantanément ; le monsieur s'en débarrasse vivement, et cela brûle une chaise ; vous devez vous confondre en excuses, et payer ! payer quand en général vous avez oublié votre argent ; et mille autres choses : c'est une paille, une poussière, une mouche qui vous pénètre dans l'œil, vous aveugle et un vertige en même temps vous assourdit, et un omnibus arrive sur le pavé de bois de toute sa vitesse ; vous avez à peine le temps de vous garer... si vous pouvez... vous garer ! Ce sera mon sort, Monsieur, je périrai ainsi sous un omnibus. Et voyez la savante tactique du diable, un homme de *génie* que ne peuvent toucher ni les honneurs, ni la richesse, ni la débauche, ni la croix, ni rien, rien, rien, il le fourre sous un omnibus. Accident déplorable, mais fréquent ! rien d'insolite ; il ne fait jamais rien d'insolite ; le monde est une fantasmagorie banalisée par l'habitude : il ne déplace jamais l'habitude. Un omnibus, et c'est fini ; la vérité râle ; accident habituel ! Et encore si l'on voit que c'est un vieux savant, fini, mal vêtu, délabré, rustaud, c'est à peine si l'on ne rit pas, et sa mort n'est commentée que par l'exploitation des vieux anas, où l'on relate les distractions célèbres des hommes d'un génie consacré.

— Vous exagérez !

— En rien ! Ecoutez, vous avez vu hier ! je vous ai invité un peu brusquement ! Je ne m'en repens pas ! mais c'était lui ; il pousse hors de moi de brusques paroles dont je ne suis pas le maître. Souvent voici ce qu'il me fait : je suis sûr qu'il existe quelque part, sous les toits, un pauvre diable comme moi, ayant autrefois publié de belles choses, mais oublié, perdu dans le labeur, achoppé à quelque difficile problème, et une voix secrète me dit : « Tu dois voir cet homme. » J'ai beau chercher, je ne me souviens pas d'en avoir entendu parler. Sa voix insiste, telle rue, numéro, étage, un pied de biche à la porte, un linoléum depuis la porte ; un vieux monsieur ainsi fait, ainsi, ainsi ; « vas-y, tu seras bien reçu ». Je vais, je demande un tel, c'est vrai, étage ? c'est vrai ; pied de biche, linoléum, vieux monsieur — je me présente, je décline noms et qualités ; eh bien ! au bout de deux minutes, il arrive que le vieux monsieur, mû d'une colère subite, pose mon chapeau dans le corridor du côté extérieur de sa porte et m'invite à le rejoindre vivement, ou répond à mes questions par le mot de Cambronne, et ne me laisse plus d'autres phrases à émettre que celles qui servent à prendre congé.

Parfois, rarement, je trouve un homme bien disposé qui m'écoute, me répond, qui est un savant. Le lendemain, j'ai oublié l'adresse ; un mois, deux mois se passent ; un matin elle rejaillit dans ma mémoire et un impérieux besoin de reprendre la conversation, de communiquer scientifiquement. J'y vais, je monte, je sonne, on ouvre, j'entre et que vois-je? des jeunes gens et des jeunes femmes qui rient très follement et m'accueillent par des vocables tels que : « Oh ! la sale tête ! » — Lui, je n'en doute pas, c'est le prince de l'Erreur ; il m'amorce avec des probabilités et des petits bouts de vérité mêlés à son mensonge.

— Enfin, déclara Jordon, quoique je ne sois pas de ceux qui prétendent ne craindre ni Dieu ni diable, je voudrais bien le voir lui-même ; ne sauriez-vous l'évoquer un instant?

— Ah ! monsieur, je ne l'ai jamais appelé; il vient plus que je ne veux. Enfin Wittowich se leva et d'une voix simple :

— Où es-tu? t'es-tu fourré sous le lit, es-tu sous le toit, d'où me guettes-tu, assassin, stérilité, mal? viens, pour une fois que je t'appelle, viendras-tu ? Oseras-tu te montrer, te dévoiler, t'exhiber à deux yeux autres que des yeux fascinés et ternis par toi. Viens, viens, viens !

Rien, c'est sa nature, son ironique et torturante nature ! et je suis sûr que vous le rencontrerez dans l'escalier !

— C'est ce que je vais essayer de faire ; je compte bien vous revoir chez Mme Horstgeweg, monsieur Wittowich.

— Oh, sans doute, j'y vais fort souvent ; le soir, toujours le soir.

— Alors, à bientôt.

— A bientôt ; écoutez : descendez très lentement, je vais guetter de la rampe, et s'il monte, je vous le montrerai.

Jordon descendit l'escalier colimaçonnesque, traversa la pièce sombre et partit. Derrière lui Wittowich marchait sur la pointe des pieds, le doigt sur la bouche ; il pencha la tête sur la rampe. Jordon avait descendu un étage lorsqu'il entendit monter. Instinctivement il leva les yeux, Wittowich, le regard farouche, regardait. L'ascendant était un vieux monsieur, cravate blanche, et très ressemblant à Wittowich ; aussitôt des cris s'élevèrent : « Ah ! te voilà misérable, te voilà démon, assassin, stupidité, inanité, je te repousse, je te rejette ! » Et un gros lexique tomba, et un autre, et des livres. Jordon descendait préoccupé de se garer de l'averse ; le vieux monsieur dégringolait ; devant la porte il attendait Jordon et hâtivement :

— Vous veniez de chez lui, monsieur ?

— De chez M. Wittowich ? oui, il vous a pris pour le diable.

— Ah ! je le sais bien, sa marotte... C'est mon frère, Monsieur, et cela ne contribue pas à ma joie... Et il s'esquiva à un tournant de rue.

— A l'autre, se dit Jordon, belle filière ! et il sauta dans une voiture.

VII

Au parc Monceau, un joli, clair, tendre soleil, un soleil neuf de printemps déclaré, des bouffées d'air un peu tiédi, une haleine de baisers passants et vifs, un ciel Watteau, d'étincelantes nourrices à immenses rubans, des bleus, des rouges, des verts ; les charrettes joliettes en bois brillant, en pitchpin verni ; des garçonnets en culotte courte, col large, béret de marin ; des dames, un livre à la main ; des petites filles blanches et roses, teint et costume, la pelle à la main, toute une enfance, inventant avec une précoce ingéniosité, un peu de poussière, partout, plus qu'il n'y en avait ; des voitures au pas, brillantes, gourmées, gourmettes étincelantes, nickels, miroirs solaires et la ruine neuve et des canards multicolores, et Mlle Givade en agaçant un avec de jolis sourires sous la lumière tamisée.

— Ah! vous voilà en avance, c'est galant!

— En retard, puisque vous êtes déjà là.

— Oh! je viens ici de bonne heure, avec ça... Elle exhibait un petit bouquin.

— Qu'est-ce que c'est?

— Si vous êtes gentil, vous le saurez.

— Ne puis-je immédiatement calmer cette soif qui me dévore? Je veux savoir.

— Eh bien, voilà.

— Ciel, les *Pirates d'Atchin* ; vous avez bien du temps à perdre.

— C'est ce que pensait quelqu'un.

— Ah! qui?

— Je ne sais pas, mais voyez!

Coquettement, elle le lui tendit à la première page coupée par le haut, sur la page aux deux tiers demeurante, « en parfaite sympathie d'art. Amédée Jordon ».

— Paraît que non, affirma-t-elle rieuse, l'air abondamment ému, la bouche gaie, les yeux voilés.

— Ah ! la misère.

— Croyez-vous ?

— Où avez-vous trouvé ça ?

— Chez un libraire, un petit libraire de mon quartier, de votre quartier, de notre quartier.

— Mais ce n'est pas cela qu'il faut lire de moi.

— Et c'est ?...

— Mon prochain livre.

— Ou bien *la Joconde :*

> Les glaciers de tes grands yeux clairs
> Étincellent des brasiers d'aurore.

— Vous connaissez ?

— Je vous ai étudié.

— Depuis longtemps ?

— Trois jours ! c'est large.

— Même, si c'est pour acheter ma tête,

et circonvolutivement ma pensée que vous m'avez fait venir ici, princesse, je vous bénis.

— Oh! ce n'est pas pour ça, vous me plaisez plutôt.

— Et c'est réciproque!

— Et ce n'est pas tant que vous me plaisiez ; vous êtes juste sur cette limite : il me plairait que vous voulussiez chercher à me plaire.

— Mais par quel comment? je suis tout prêt.

— Vous brûlez.

— Déjà depuis hier.

— Ah! c'est fade! je ne m'y attendais pas ; pourquoi ne m'avoir pas demandée comme médium? Vous m'eussiez épargné les premiers pas, ce rendez-vous. Oh! ne croyez pas me tenir ; il y aura des stations, et si vous bronchez, je vous préviens, ce sera un chemin de la croix.

— Je ferai tout.

— Eh bien, écoutez-moi ; d'ailleurs je ne vous demande rien, pas d'acte, quel qu'il soit... C'est plutôt une exposition de principes. Elle tient en peu de mots. Infiniment, obscurément, fondamentalement je m'embête, je m'embête à l'infini. C'est clair ?

— Et vous me prenez pour un roman inédit.

— A peu près ! avec redites et emprunts ; mais écoutez le prélude de la jeune personne. Eh bien ! moi, Louise Givade, je n'ai pas de parents ; si fait, j'ai de ces parents nommés collatéraux : charmants quand ils attendent vos reliques; oiseux, farouches, quand ils vous ont à charge. C'est mon cas. Or, j'ai assez d'être empilée avec toute une famille en trois étroites pièces sur la cour. Je voudrais de l'air, de la place. Puis je ne suis pas totalement à leur charge. Je dois gagner ma vie ; je puis enseigner les sciences, les lettres, les arts, l'arithmétique, le français, la musique, le dessin et les langues vivantes ; j'enseigne le cursif, le peu approfondi ; mais, voilà ! personne ne cote sérieusement les fruits de ma jeunesse studieuse. Je ne puis assez rétribuer ma niche et ma pâtée aux parents qui me soutiennent de leur bras fort et de leur logis. Ils me font la tête ; ça m'amène à devenir médium à incarnations, et cela m'ennuie au delà du possible. Or, je veux m'en aller. Il me plairait que mes portes d'issue hors la vie grise et ma porte d'entrée dans le monde fût un homme de lettres ; pas un génie : ils sont tracassiers, à peine un talent ; pas un réaliste : ils racontent tout. Vous, mélange d'éthéré et de jovial... un peu vulgaire, votre jovialité, ça se voit ici, page 122..., vous me connaissez assez, vous êtes autorisé à commencer votre cour.

— Et si je bronchais ?
— Je me vengerais.
— Mais je n'en ai pas envie.

— Oh, cela m'est égal, bronchez, allez-vous-en, au revoir.

— Mademoiselle, je vous en prie.

— Non.

— Je vous supplie.

— Non.

— Je vous adore.

— Allez vous faire lân laire.

— Louise, Louise aimée, mon cœur, mes vers, mon inspiration !

— Et votre mémoire.

— Et ma mémoire.

— Enfin, vous ne broncherez plus, donnez-moi le bras.

— Voici, voici ; ô Louise !

— C'est bien !

— Louise, mon affection pour vous s'augmente de ce que...

— De ce que ?

— Il me semble que je vous arrache à un milieu déplorable.

— Prud'homme, va ! c'était parfois amusant ; et, je vous préviens, pas de pose, pas de rédemption ! on se prend, on se quitte.

— Oh jamais !

— J'en accepte le rapide augure, mais cela m'est égal ; menez-moi chez le pâtissier.

— Louise, qu'est-ce que c'était que ce rôle de médium féminin ?

— Mais dire des sottises à des dames de lettres ou à des vieux pingouins d'érudits.

— Vieux, vieux ?

— Mi-vieux ; antiques, des esprits purs ; assez sur ce sujet ; hier j'avais Mme de Cercelles ; elle m'a rasé avec Mlle de Scudéry.

— Elle l'a prise pour la bien-aimée d'Hoffmann ?

— Juste.

— Durandard aussi ?

— Juste.

— Et maintenant une question ; je tiens à la vérité ; jurez de la dire.

— Non, je me parjurerais, si ça me convenait.

— Eh bien ! je m'abandonne et je parle. Qu'est-ce que c'est que ce fantôme, Mme de Hessler ?

— Voici : parmi les gens qui viennent, à qui l'on écrit, que l'on attire, il y en a d'intelligents, oh ! de très intelligents, des gens de lettres même, des poètes qui plus est; ils sont, selon leur caractère, bons garçons ou vindicatifs ; ils exécutent une ou deux tentatives ; déçus par le médium mâle, ils se rejettent sur le médium jeune personne, en des idées sournoises ; ils sont disposés à clabauder. En tout cas, il est, paraît-il, sans exemple, sauf vous, j'espère, qu'ils ne reviennent pas deux fois. Mme de Hessler, c'est la garde !

— La vieille garde !

— Non, la garde d'escrime ! Le monsieur qui s'est ennuyé avec Durandard, par exemple, demandera un esprit féminin espérant mystifier Givade, celle qui la précéda, celle qui la remplacera demain. Eh bien !

lorsqu'il a indiqué Sévigné, Sapho, Louise Labbé, etc..., on le met en rapport avec Mme de Hessler. S'il bavarde et chine, les rieurs seraient du côté des Sciences exactes, et, en plus, il aurait toujours passé un fichu quart d'heure.

— Bien, encore une question : d'où est originaire Mme Horstgeweg ?

— De Dunkerque, je pense.

— Et...

— Ah non, assez, je suis délivrée de ce mauvais rêve. Allons chez le pâtissier.

VIII

— Madame Drèche, vous seriez tout aimable, si vous descendiez jusque chez vous et remontiez munie d'une seconde tasse et d'un autre pain ou croissant.

Mme Drèche ouvrit de grands yeux étonnés.

— C'est l'ordre des Esprits, madame Drèche. Et bien ! et votre mari, sa petite affaire, c'est arrangé ?

— Mais oui, Monsieur, voici votre courrier en pyramide.

— Bien, bien, madame Drèche,... mais il écarta tout et se mit rapidement à écrire. Ses feuilles se noircissaient.

Mme Drèche remonta :

— Vous n'avez besoin de rien autre, Monsieur ?

— Non, madame Drèche, la paix soit avec vous. Ah ! demain matin, deux tasses, deux pains.

Mme Drèche jeta sur la porte close de la salle à manger un regard crochet ; mais, sans encouragement de Jordon, elle recula.

Celui-ci se remit à écrire des pages.

Et bientôt une voix douce, dit, derrière lui : « Oh, qu'est-ce que c'est ?

— Dame, c'est un article.

— Sérieux ?

— Très sérieux.

— Habillez-vous et sortons.

— Sortons.

IX

Trois jours après, Amédée Jordon était dans l'antichambre, puis dans le cabinet de Léo Farau, le sympathique directeur de journal.

Farau, très gentil, très camarade :

— Eh bien ! quel bon vent...

— Cher Monsieur, j'ai été mis à même, tout récemment, de découvrir, de débiner quelques-uns des meilleurs trucs spirites ; je vous apporte cela naturellement, sous la forme...

— Cher ami, répondit l'autre, si vous saviez ce que c'est difficile d'être directeur de journal, que de choses il faut ménager. Des spirites ! je n'en ai vu qu'une fois, très pressé, pendant un entr'acte, d'une première de qui... de qui... ça m'échappe, enfin quelque chose de très intéressant ; mais j'en suis sorti bouleversé, absolument, absolument ! — (Puis avec onction :) « Il est des choses, il y a un ordre de choses établi... Vous me comprenez, le lecteur, l'abonné... Nous ne pouvons pas toucher à ça.

Et Jordon redescendit avec un document de plus sur la puissance du spiritisme.

L'ESPRIT PRATIQUE

A Félicien Páris.

I

Ce matin-là le temps était beau à Stockholm, Haparanda, Aberdeen ; pluvieux à Amsterdam, Bruxelles ; superbe à Rome, à Palma ; indécis à Bordeaux, chattemiteux dans les Ardennes, procelleux vers le Havre ; orageux à Saint-Nazaire, variable en Touraine ; il était beau, absolument beau à Paris, et particulièrement vers Batignolles, et magnifiquement cité Baudelaire, si bien qu'un curieux rayon de soleil vint danser dans la chambre, éclaira des kakemonos, prêta un éclat d'été aux yeux alanguis d'une mousmé, se compara ironique à l'éclat d'un flambeau de cuivre et d'un volume jaune, et tout en dansant alla examiner de près le nez jeune et frais de Mlle Givade et s'y poser. Il entra dès lors en telle immobilité qu'une mouche le prit pour socle, ce qui fit que Mlle Givade se réveilla, mira l'univers dans ses yeux bleus et se mit sur son séant ; sur quoi son camarade juxtaposé, M. Jordon, opéra une volte brusque et énonça : « Il est de très bonne heure, c'est assommant! » A quoi il fut péremptoirement répondu : « Il est midi, et la montre retarde, lève-toi. » L'heureux Arcadien articula : « Jamais de la vie ! » — Et sa compagne : — « Comme tu voudras, je me lève… » — Et celui, qui ne connaissait pas tout son bonheur, répliqua : « Tu m'embêtes! »

Ce fut d'abord un « Ah ! » simple, sans modulation, ferme et appuyé comme l'heureuse solution d'une attente ; puis un rire léger, qui fusa, se heurta au plafond, courut jouer sur le mur avec le rayon de soleil, se précipita, fit le tour de la chambre et revint en bonds saccadés, nerveux puis ce mot : « Plus souvent ! » accompagné du regard royal d'un œil bleu, sur une nuque tondue et obstinée ; un silence ; puis...

— Voilà trois mois, trois longs mois que je commets les joies d'un homme mal élevé, d'un homme tatillon, d'un paresseux qui n'est même pas beau, tendre, oh ! non, certes ! et qui ronfle.

Amédée, qui se douterait, à vos propos de réveil, de votre soin à chercher des épithètes délicates pour louanger ma beauté, dans votre roman en préparation *la Spirale de vie*, ce roman où je traverse les incarnations les plus diverses pour devenir finalement une dame du monde de notre Paris, ce dont, certes, je ne me plains ? Mais si je parle jamais, qui croira à votre sincérité, Amédée ?

Amédée, réveille-toi. Oh ! le vilain bohême! Il n'est pas midi, j'exagérais à dessein, pour ton bien ; ce n'est pas pour que tu travailles, tu as beaucoup travaillé, ces jours-ci ; mais je voudrais t'entendre par curiosité, rien que pour voir si tu n'es pas enroué, depuis hier. Amédée?

Ah! fiez-vous un peu. Amédée! ça m'agace de te voir la nuque, je vais t'égratigner.

Au moins, la simple politesse consisterait à paraître se douter de ma présence. Il n'y a pas si longtemps de ma première présence ici, je crois bien que vous étiez à genoux, ce jour-là, pour que je puisse passer à vos yeux inaperçue : tel un meuble familier, ou comme votre tante qui louche, ou votre cousine qui fait des vers. Ne me contraignez point à vous pincer. Tu m'aimes, dis, Amédée?

Non! on n'est pas pionceur, raseur comme ça. Ça doit être une façon inédite que vous avez trouvée de rompre avec moi.

Vous exécutez des arpèges de silence... Je vous félicite; mon cher, vous êtes un trouveur, et non point un débardeur, ou un déménageur, comme dit votre ami Marionne. Ah! vous bougez, vous êtes ému? non, vous vous remettez. Je le sais, vous êtes un fort; si vous êtes un fort, vous devriez bien être poli. Et comme je vois que vous me préférez votre gloire, ou plutôt votre gloriole!... Dites, Amédée, c'est une trouvaille, votre silence; c'est un procédé de rupture. Ah! décidément, mon cher, vous n'êtes pas galant. Amédée!

Et puis, j'ai bien tort de vous prêter des trouvailles; là, vous en avez, mais pas de très fortes; ne croyez pas que je sois dupe, ne croyez pas qu'on me fait prendre des vessies pour des lanternes. Je m'en vais, Amédée; ne me cherchez pas dans ma famille, ni ailleurs qu'où il vous semblera invraisemblable que je sois, et pas sur les rives de Seine, tendre et doux ami. Je ne ferai pas pour vous la petite baignade et ce réveil ému au poste de police prochain. Ne croyez pas que qui que ce soit pourra dire : « Voilà une femme qui s'est trempée tout habillée pour Amédée Jordon, l'illustre auteur des *Pirates d'Atchin* et de la *Joconde aux cheveux aurés*; un peu pauvre, votre catalogue, et tout de même vous avez trente ans, et paraissez davantage. Non, Amédée, je vous quitte ; je démissionne, et non point parce que vous êtes de beauté nulle, de caractère mesquin, de grossièreté peu commune, d'un sans-façon révoltant ; mais devinez un peu, Amédée! Amédée, vous ne voulez pas deviner ? Eh bien ! c'est parce que vous n'avez pas de talent.

— Qu'en sais-tu ?... Et la face de Jordon apparut colorée de colère, et ses mains énervées brandirent l'oreiller au-dessus de sa tête. M{}^{lle} Givade d'un bond de biche se mettait hors de portée. Jordon reposa l'oreiller, la regarda, et comme elle semblait peu décidée, il réaffirma : « Tu m'embêtes », avec laconisme, lapidairement à la spartiate, et se retourna pour dormir.

Livrée à elle-même, car une nuque, depuis Argus, ce n'est plus cinquante témoins, Mlle Givade s'habilla avec une lenteur étudiée. D'abord des bas de soie lui fournirent matière à contemplation, technique sans nul doute, ou peut-être sur l'éphémérité de tout ce qui touche à l'être humain, sur un trou minuscule s'y apercevant parmi les mailles quand ils furent tendus sur sa jambe. Ces bas passés, elle prit sa tête entre ses mains, la hocha ; c'était l'invocation mentale aux déesses modernes, à l'Hérédité, à la Concurrence sociale, aux Monopoles abusifs, à tout ce qui pèse sur une fille pauvre et charmante lorsqu'elle eut l'imprudence d'associer ses jours à un être indigne, et, toi aussi, Amour, philtre tragique, poison de Jasons autant que de Médées, tu apparus sur le ciel noir de son présent. Elle se jarreta très vite et se leva. Une glace lui révéla à nouveau quel trésor perdait le futile Jordon. Elle n'était pas mal, certes, et bien faite, elle pouvait le dire avec orgueil, laiteuse et en bon point ; s'ondoyer fut long, lent, interrompu et des mains attrapèrent de fortes torsades de cheveux et les arrangèrent selon un rite nouveau, un rite expéditif et encore séduisant, dégageant le front, à la bonne femme. Et dès lors, avec précipitation, un corset rageusement, un jupon de quakeresse prestement passé, une robe rapidement agrafée, un corsage, et avec un grand soupir de consolation :

— Enfin, il ne me faudra plus suivre le goût de monsieur ; assez des gris et des violets, vive la couleur! cela ira mieux à mon âme fantasque. C'était la livrée de l'ennui que je portais.

Au revoir, au revoir !

Mais elle ne partait pas. C'était la

deuxième phase de préparatifs, qui commençait; à demi-voix :

— Voyons... je n'oublie rien, mon médaillon, mon nécessaire; ah, ce calepin ; (un bruit de clefs); ah ! elle était commode, cette petite table. Il fut un temps... Ah ! je m'en vais, je suis contente, je n'emporte rien d'ici, qu'un souvenir pénible. Enfin, qui l'eût cru il y a deux mois ? ah ! une houpette, ça y est.

— Quelle heure est-il, chérie ?

Parfaitement réveillé, parfaitement renseigné, mis au point par quatre répétitions antérieures, c'était Jordon qui faisait son entrée. Il jugeait opportun de n'avoir rien vu, rien entendu. Il s'éveillait frais et charmant, retrouvant sa grâce d'adolescence pour sourire.

— Chérie, je voudrais bien une cigarette, là, sur la cheminée.

Tactique inédite, tactique admirable, plus que le pardon si l'on avait eu des torts envers lui, l'ignorance du délit, et pour lui l'absolution due à l'inconscience, à l'enfance, à un rêve agité.

— Une cigarette, veux-tu me la passer ?

Mlle Givade mit sa toque, et passa une épingle destinée à la retenir.

— Qu'est-ce que tu as, tu sors ?

Mlle Givade se pencha vivement vers une petite glace, examina le lobe de son oreille.

Le mot allait être imprudent, mais il fallait continuer :

— Où vas-tu, petite Louise ?

La petite Louise eut un rire acéré.

— Je vais où cela me plaît. Eh bien ! je vais acheter un jeu de cartes, j'y cours.

D'un bond Jordon était sur le plancher et entourant la taille de Louise :

— Louise, tu ne feras pas cela ?

— Pourquoi ?

— Louise, au bout de deux mois.

— Ah ça, est-ce qu'il ne suffit pas de deux mois, à un jeu de cartes, pour s'user ?

— Louise, et le déjeuner?

— Me prenez-vous pour une cuisinière?

— Louise, ma petite Louise; mais enfin quelquefois, une fois par jour au moins, tu as bien voulu jusqu'ici, officieusement...

— Et bien! je ne veux plus,

— C'est une idée; pour aujourd'hui, allons au restaurant.

— Que vous êtes plat, que vous êtes lâche, que vous êtes vil, orgueilleux quand vous sentez qu'on vous aime, tremblant et humble dès qu'on ne vous aime plus.

— Tu ne m'aimes plus?

— Plus du tout!

— Et pourquoi?

— Vous avez cessé de plaire, voilà tout; et d'ailleurs je ne vous ai jamais vu aussi ridicule; faire des scènes en chemise, c'est encore trouvé.

— Moi, je fais une scène?

— Oh, vous ne déplacerez pas la question.

Jordon se jeta contre la porte de l'appartement les bras en croix.

— Oh, oh, oh, oh ! clama M{^{lle}} Givade... et elle fit mine de s'asseoir, sur le seul pliant de l'antichambre : « Hi, hi, hi, hi ! le Christ entre deux appliques ! » En effet, elle avait ainsi orné la porte de l'appartement. « Oh, oh, oh, oh ! Je vous aime encore mieux maussade, et grognon, et tyrannique, et égoïste qu'ainsi ridicule. » Jordon ahuri ouvrit la porte prestement, saisit le courrier qui attendait, en petit tas, son bon plaisir, sur le paillasson, referma et dit :

— Il n'y a pas de lettre pour toi...

Et alors la petite Givade se mit à danser, ballonnant ses jupes, se détirant les bras, éperdue de rires, mais savamment opérait sa retraite dans le cabinet de travail de Jordon et son fauteuil qu'elle gagna comme un banc, comme un talus, comme une surface même droite où on s'adonne pour ne pas tomber.

— Tu as ri, te voilà désarmée.

— Oh ! pas du tout.

— Ote ton chapeau.

— Non.

— Eh bien ! laisse-moi le temps de m'habiller.

— Je ne veux plus te voir.

— Où vas-tu ?

— Acheter un jeu de cartes.

— Eh bien ! je te conduirai; on ne se quitte pas comme ça.

— Soit, le quart d'heure de grâce à rebours.

— Bien, je me dépêche.

Et tandis que Jordon, encore pieds nus, était empêtré à mettre son pantalon, elle file comme une flèche, claquant la porte. Et quelle poursuite possible, en ce costume primitif ?

« Bah ! ça se passera, se dit philosophiquement le pauvre diable, non sans s'habiller en un tour de main. Il descendit, s'élança : au bout de quatre pas il se trouva devant une option difficile : aller à droite, ou à gauche ? Rien ne militait pour l'une ou l'autre des artères qu'il devait rencontrer. Machinalement ce fut à gauche ; au premier tournant, la question se reposa, aggressive : au troisième, elle demeurait lancinante. Il rebroussa chemin et revint chez lui. « Ce sera, pensa-t-il, plus digne. » Il remonta, le vide sonnait sous son pas. Il se mit à sa table, éplucha deux lignes d'un manuscrit composé, le lâcha : « Je ne suis pas en veine » ; saisit une épreuve d'article : « Foin de ces minuties ! » prit un livre : « Est-il assommant, cet animal-là ? », jaugea des meubles qui lui parurent lourds et son âme lui sembla vide et pesante : « J'attendrai une demi-heure... puis une heure ! » ouvrit sa porte et sa fenêtre en multiples voyages inutiles ; enfin redescendit digne et grave et très lent, très patriarcal, la démarche onctueuse, l'âme pitoyable, se dirigea vers un café où Louise aimait déjeuner : « Peut-être, peut-être, folie subite... Ah ! tant pis, tout de même ! » Il se donna le temps de prendre un vermouth, de lire un journal et commanda ; il chipotait des hors-d'œuvre lorsqu'en coup de vent Louise entra, et déclara :

— Vous auriez bien pu m'attendre ; vous êtes décidément mal élevé... et elle s'assit.

— Louise, je suis bien fâché.
— Et moi, aussi.
— N'en reparlons plus.
— Cela vaudra mieux ; mais une autre fois, avant d'entrer dans un restaurant, je regarderai si vous y êtes.
— Alors, je suis grossier ?
— Oui.
— Mal élevé ?
— Oui.
— Laid ?
— Oh ! comme ci, comme ça.
— Médiocre ?
— Parfaitement.

— Je n'ai pas de talent ?

— Oh, je ne m'y connais pas, et ça m'est bien égal. Pourquoi n'entrez-vous pas dans les affaires? Vous avez votre oncle, c'est plus sûr.

— Pourquoi me dites-vous cela ?

— Je vous vois, soit dit sans vous offenser, si mou, si paresseux et pas très doué.

— Louise !

— Eh bien?

— Si tu veux que je te pardonne, non point de m'accuser de manquer de talent, c'est une boutade de femme fâchée, mais de me supposer capable de renier la littérature...

— Oh ! c'est simplement un conseil, un conseil pratique, que vous donne, en bonne camarade, une femme qui vous a aimé.

— Un conseil de Parthe ?

— Juste.

— Mais Louise, c'est fini, tout à fait fini, cette discussion ?

— Je verrai cela et l'examinerai d'après l'humilité dont vous ferez preuve. Et puis, voulez-vous alors un autre conseil, un bon ?

— Oui.

— Eh bien ! retournez chez Mme Horstgeweg, et demandez-lui d'être mis en rapport avec l'esprit pratique ; vous l'emmènerez et prendrez ses conseils : ça vaudra mieux que de vous griser avec des fantaisistes comme vous.

II

— Jordon, affirma Mme de Cercelles, ne dites pas de mal d'un homme que vous ne connaissez pas : le docteur Béranger est un homme fort bien, savant, richissime, pas charlatan, généreux pour les pauvres, magnifique pour les jeunes gens qui travaillent aux sciences qui l'occupent, abordable, et toutes les qualités du sérieux se concentrent chez lui tous les jours.

— Non, madame, je n'irai point avec vous. Je ne veux pas voir tourner de tables, ni vivre des photographies.

— Rien de cela.

— Je ne veux pas, non plus, qu'on me leste d'un médium.

— Rien de cela, c'est du tout neuf, du tout frais, du tout vrai.

— Et puis, je ne suis pas libre, le soir.

— Allons-y l'après-midi, si vous voulez.

— Il travaille dans le clair?

— Parfaitement.

— Je ne suis pas en tenue.

— Ce qu'il s'en fiche.

— Je suis pris à quatre heures.

— Il en est deux. Venez, j'y tiens beaucoup, beaucoup, beaucoup.

— Allons.

Et Jordon et Mme de Cercelles sonnèrent bientôt à l'hôtel confortable qu'habitait à Passy le docteur Béranger : une attente très convenable comme durée, dix minutes, en un petit salon vert et argent ; un huissier à culottes pour les introduire dans un hall, ou plutôt une longue galerie ; quelques chaises-fauteuils, un grand bureau, des guéridons de laque et, aux vitres, de merveilleux rideaux brodés d'une flore multicolore avec des oise-

8.

lets foisonnants. Le docteur, qui calquait du plus près Bonaparte premier consul, tendit une petite coupe à Jordon :

— Un cigare? Je sais que Mme de Cercelles ne le défend point. Je vous en prie, ils sont très légers.

Et Jordon alluma, et le docteur fit de même.

— Que puis-je pour vous, monsieur Jordon? Je connais votre nom. A vrai dire, mes multiples occupations et un très long voyage en Amérique et au Japon ne m'ont permis de vous connaître que sous votre face la moins curieuse, je veux dire comme actualiste et rewiewer ; mais je rattraperai... Vous voudriez...

Mme de Cercelles interrompit :

— Docteur, M. Jordon, c'est l'incrédule, c'est saint Thomas, c'est l'impie. Il ne veut rien ; c'est moi qui veux, il faut qu'il sache.

— Ah! dit Béranger, et sans indiscrétion, que voulez-vous savoir ?

— Mais la vérité sur l'infini, Dieu, la vie future.

— Je ne la sais guère, dit Béranger, je ne sais rien à proprement parler. Je pense que vous ne vous attendez pas à trouver ici des vestiges des sornettes spirites. Je ne sais pas grand'chose, mais voilà ce que je puis vous dire : si vous désirez qu'une qualité s'adjoigne — et un défaut aussi peut être demandé — aux qualités nombreuses que vous possédez déjà, je puis, par le secours des êtres intermédiaires, et au moyen d'opérations que je n'indique pas, vous en douer. Vous verrez les résultats, le processus de l'affaire, et surtout les résultats. Choisissez une qualité.

Jordon, égayé par un très récent souvenir, demanda l'Esprit pratique.

— Ah ! fort bien, fort intelligent, surtout pour un poète ; c'est déjà être pratique que de demander à l'être. Ce sera fait.

— Et quand serai-je pratique ?

— Là commence l'aléa, c'est un simple aléa de temps, mais assez court; ne croyez pas que je vous remette à la semaine des quatre jeudis. Vous ressentirez les effets de mon intercession demain, ou dans quinze jours, peut-être un mois.

— Sans plus questionner, pourquoi cette incertitude de temps?

— Ah, je ne le sais pas encore très bien; nous sommes en terrain neuf. Toute une préparation mystérieuse, avant des résultats foudroyants. Ce sera fait, votre désir sera rempli; que préparez-vous?

— Un roman de vie parisienne.

— Ah! fort bien, j'attendrai avec impatience.

— Et vous, Madame, ne puis-je vous être agréable.

— Convertissez M. Jordon.

— Oh! je n'en doute pas; cela sera, non un adepte, je ne tiens point à en faire, au moins actuellement, mais un témoin, et sans nul doute le récit de son expérience aura le double charme du vrai et du bien dit. Mais excusez-moi, je ne suis pas le maître de mon temps autant que je le voudrais. A bientôt !

— C'est simple, dit Jordon à Mme de Cercelles. Mais vous, que vous est-il arrivé ?

— Voilà, j'ai promis le secret et cela me fait plaisir de le garder.

— Quelle bonne blague, affirma Jordon dès qu'il eut quitté Mme de Cercelles, elle les déniche toutes ; ça, c'est la blague au très sérieux, retour d'Amérique.

III

— C'est curieux, se dit, un matin, Jordon, je ne retrouve plus rien. Tout est rangé : voilà le vrai désordre, le désordre organisé, qui prend possession de mon logis. Ces petites piles feraient bien plaisir à un bureaucrate ; mais moi, elles me contrarient. C'est Louise, évidemment, évidemment ; elle se croit tout permis ; c'est l'occupation qui suit la paix pour les vaincus. Elle a tort d'agir ainsi, je n'en suis pas là. Si elle ouvrait mon âme, elle y trouverait de la bienveillance, de la douceur, de la bonté, disons-le, de la pitié pour une personne charmante, et de l'affection sans doute, beaucoup d'affection ; mais être amoureux jusqu'à me laisser ainsi parquer, ranger, presque numéroter, non, certes non. Et ces lettres, ça c'est plus fort, des lettres en petite liasse, et la mention « à répondre », et la mention « répondu », « à classer ». Ah çà ! suis-je chez un autre ? Et courir dans mes lettres ? sans doute, jalousie ! O folle jalousie, issue sans doute beaucoup plus de l'esprit de domination que de la tendresse. Voilà une affaire mal embarquée : j'ai eu tort le jour où, pour lui complaire, j'ai consenti à changer de logement ; bien tort, elle est envahissante. Jalouse ! et de quoi, bon Dieu. Ou simplement curieuse ? Il me semble qu'il y a des cases de mon cerveau que j'ai le droit de réserver, qui doivent demeurer intangibles à des doigts de femme. C'est assommant ; le lui reprocher ? je ne suis pas sûr ; c'est ennuyeux.

Jordon s'assit et se prit à réfléchir activement ; une légère érubescence sur sa physionomie dénonçait une vive mêlée de sentiments. Il se leva brusque, ouvrit la porte de la chambre voisine :

— Louise !

— Amédée !

— Tu as eu besoin de quelque chose sur mon bureau ?

— Oh ! pas du tout.

— Alors tu n'as eu besoin de rien, et l'as néanmoins exploré ?

— Pas du tout.

— Je dis exploré, poliment ; je devrais dire : manipulé, tripoté.

— Mais non, Amédée, certainement je n'y ai nullement touché.

— Tu as voulu enlever la poussière ?

— Je serais donc bien transformée, mon Amédée ; la poussière ne me gêne pas ; ici je ne pourchasse que ma poussière.

— Alors qui ? on a rangé, on a rangé des papiers et des lettres ; tu entends : des lettres !

— Ce sera toi, et tu l'auras oublié. Vois-tu. c'est un tort de boire tant de bière le soir à la brasserie, et encore plus un tort, une fois rentré, de boire du cognac sous prétexte de la précipiter, et du rhum après, sous prétexte qu'il n'y a plus de cognac en France. Il y a huit jours, tu as déclaré avoir à travailler, tu es resté devant ta table, tu as dû ranger sans t'en apercevoir.

— Impossible, c'est toi.

— Je te jure absolument que non. Je ne touche pas à tes paperasses ; quant à tes lettres, c'est m'offenser que de croire...

— Et si je croyais ?

— Tu nuirais à ta réputation d'homme éclairé. Je te jure, que veux-tu de plus ?

— Bien, bien, Louise.

Et Jordon rentra dans son cabinet de travail.

— C'est cela, dominatrice, jalouse et, avec cela, hypocrite et menteuse ; quel guêpier, Seigneur ! où ai-je mis le pied ? Voici, après les premiers bonheurs, l'ère saumâtre du ménage qui commence. Jordon, Jordon, vous n'avez guère de prudence ni de philosophie.

— Amédée ?

— Plaît-il ?

— Est-ce aujourd'hui que tu vas chez ton oncle ?

— Tu voudrais me voir sortir ?

— Ah ! tu es agaçant. Tu me rebats les oreilles de cette visite urgente. Tu me dis le matin : « Aujourd'hui, j'irai chez mon oncle. » Le soir, tu déplores le temps qui court si vite et qui est si haché, et tu me dis : « Demain, fais-moi penser qu'il faut que j'aille chez mon oncle. » Tu me l'as recommandé hier au soir, j'exécute ce matin ; d'ailleurs va ou ne va pas chez ton oncle.

— Ah ! tu le prends comme ça ?

— Comment veux-tu que je le prenne ? ça m'est égal que tu visites ou ne visites pas mon parent par alliance ; si tu y allais aujourd'hui, sais-tu ce que je ferais ?

— Oh! pas du tout.

— Je sortirais avec toi, et pendant que tu le palpes et te rends compte de son état moral, mental et physique, j'irais au Louvre, j'ai des achats urgents, c'est exposition ; tu viendrais m'y reprendre...

— Pourquoi ne vas-tu pas place Clichy ?

— Mon ami, c'est pour un rassortiment. Voici là, sur un guéridon, un échantillon ; il faut que je retrouve une satinette dont j'ai eu quelques mètres et je dois retourner au même endroit.

— Il y en a chez les marchands du quartier.

— Mais non.

— Enfin je trouve singulier...

— Et moi, je trouve singulier... Après tout, ça m'est égal, j'y renonce : c'était pour un corsage, je lâche l'idée ; qu'est-ce que je ne lâcherais pas pour avoir la tranquillité ? Tu es assommant aujourd'hui, tu as des idées de derrière la tête.

— Je n'ai jamais d'idées de derrière la tête, fut-il répondu dignement.

— Alors tu as quelque malaise? Sortons, ça le dissipera.

— Je ne crois pas.

— Écoute, je vais m'habiller, pendant ce temps tu prendras entre tes mains ton crâne où germent les pensées, tu pèseras, tu jaugeras, tu décideras si c'est aujourd'hui que tu vas chez ton oncle et, au cas contraire, je t'y ferai encore penser demain.

— Oh non! Je vais chez mon oncle.

— Alors, ça nous fera une bonne promenade, et nous rentrerons déjeuner, ou nous ne déjeunerons pas ici, comme tu voudras, selon ton caprice.

— A ta guise.

— Non, à la tienne, je me dépêche.

IV

— Ah ! te voilà, il y a longtemps qu'on ne t'a vu ; tu vas bien, complètement bien ?

— Mais oui, mon oncle.

— Enfin très, très bien? Tu n'as pas eu, tous ces jours-ci, le moindre malaise ?

— Pas du tout.

— Ni gastralgie, ni fièvres?

— Pas du tout.

— Alors tu es un mauvais plaisant ?

— Mais certes non, je le serais que ce ne serait pas avec vous...

— Alors qu'est-ce que cela ?

Et M. Edouard Jordon tendit à M. Amédée Jordon une lettre :

« Cher Monsieur,

« Chargé d'intervenir dans le règlement de compte pendant entre vous et M. Amédée Jordon, votre neveu et mon client, je vous serais obligé de vérifier et de me renvoyer avec, s'il y a lieu, vos observations, cet état des sommes dues à vous par mon client, en avances d'argent.

« Veuillez agréer l'assurance de ma haute considération.

« Vaset. »

— Et ci-joint un état des sommes que je t'ai avancées, à partir de ta majorité, il paraît qu'avant, ça ne compte pas ; mais qu'est-ce qui te prend ?

— Mais, mon oncle, c'est une plaisanterie.

— C'est ce que je disais.

— Mais j'y suis tout à fait étranger.

— Ça n'est pas possible. Je connais Vaset, je l'emploie souvent ; mais comment tu t'avises de l'utiliser? et pourquoi tu veux me rembourser, c'est ce qui m'échappe.

— C'est peut-être quelque clerc ?

— Nous allons voir : Allô, allô... et toutes choses relatives à l'établissement d'une conversation au téléphone.

— Monsieur Vaset ?

— C'est moi.

— Monsieur Jordon.

— Bonjour, monsieur Jordon. J'attends toujours votre réponse : qu'y a-t-il pour votre service ?

— Qui vous a chargé de m'écrire pour M. Amédée Jordon ?

— M. Arguepont.

— Mon neveu assure que c'est une farce.

— Ça m'étonne. Arguepont a dû voir votre neveu, il a une lettre confirmative.

— Il a été mystifié.

— Tiens, tiens, je le lui ferai dire.

— Non, je vais l'appeler moi-même.

— Inutile, absent pour huit jours ; son clerc seulement.

— Eh bien, c'est curieux tout de même que tu occupes des hommes sérieux, Vaset et Arguepont, à me monter une fumisterie. Elle est peut-être drôle, mais j'aurais pu mal prendre... si je n'étais le meilleur des oncles.

— Oui, bien certainement.

— Eh bien, Amédée, quand on est sûr de posséder le meilleur des oncles, on ne le tarabuste pas ; est-ce que j'ai le temps d'écouter des sornettes?

— Mais j'y suis étranger.

— A qui le dis-tu?

— J'irai voir ce M. Arguepont.

— C'est ça, c'est ça.

— A propos, viens-tu déjeuner avec moi? nous passerons par là. Je causerai à ce clerc.

— Impossible, cher oncle, impossible.

— Comment cela?

— J'ai un rendez-vous urgent, que j'ai donné tout à l'heure, on m'attend.

— Il me semble que me prouver que tu n'as pas voulu me berner, ça vaut bien un rendez-vous manqué.

— Oh! certes; mais non, je ne puis, si vous saviez...

— Eh bien, eh bien! ne te gêne pas, va, mon ami, où le devoir t'appelle, et reviens me voir. Je n'ai pas de rancune.

— Mais mon oncle, je vous assure... cela s'éclaircira; c'est du pur Lemice-Terrieux.

— Oh! je n'en doute pas; va, mon garçon, au revoir.

Jordon s'en alla, mais peiné. Son oncle était froid, son oncle ne le croyait pas; son oncle le considérait, à n'en point douter, comme entaché de bohême.

V

Le lendemain, à midi environ, Jordon remontait son escalier, il était blême, rageur, au premier il se heurta à sa concierge.

— Ah! Monsieur, Madame est sortie et m'a chargée de vous dire qu'elle rentrera à midi un quart.

— Bien, se dit Jordon, et j'ai pris une voiture de peur d'être en retard. Ah, tout va bien; on sort, on rentre, on me prévient par voie diplomatique. Oh! mais non, nous allons voir ce que nous allons voir.

Il rentra, s'assit, prit dans la bibliothèque le tome VI de son Shakespeare, un in-octavo, les *Comédies de l'amour*, et ouvrit la *Sauvage apprivoisée*. O Petruccio, quel homme tu fus, supérieur aux génies créateurs de l'art, aux génies compréhensifs de l'art, aux nababs qui furent prospecteurs, à ceux qui vinrent d'Auvergne avec des sabots et de la paille dedans pour bâtir des quartiers, créer de grands magasins et falsifier, avec une jugeotte plus sûre que la science, toute comestibilité. O Petruccio, plus fort que don Juan qui triomphait des femmes, et les délaissait, pour mieux dire, fuyait dès qu'il avait couché sur le champ de bataille; Petruccio qui vint, qui vainquit ou qui demeura; Petruccio, près de qui les allumeurs de lampes et les tireurs de pistolet dans la cage des lions, et même cette femme qui, parmi les panthères, pique tranquillement à la machine, soit un ourlet, soit un surjet, enfin elle piqua... que tous ces gens sont peu auprès de toi, immortel Petruccio, la force et la raison, plus intéressant que les héros de passion et de douleur, héros de caractère, type idéal : Petruccio, qu'en des scènes de ménage Shakespeare a rêvé, Petruccio !

— Amédée !

— Eh bien, qu'est-ce que c'est ? c'est toi, à quelle heure déjeunera-t-on ? Où as-tu conduit tes pieds ?

— Au Bois, et puis je te prierai, instamment, de me prévenir la veille des révolutions.

— Ah bah !

— Je ne suis pas concierge, mon cher, pas même ataviquement, et quand il te plaira de pendre toute une matinée des gens à ton cordon de sonnette, je te serais bien obligée de me le faire savoir un peu d'avance.

— Ce n'est pas une sonnette, que tu as, c'est un timbre.

— Et ce m'est tout un. Je suis chassée, bannie d'ici. Il faudra encore déjeuner dehors, ou attendre des heures folles. Ah ! non, tu n'es pas drôle.

Je ne comprends rien à cette mauvaise querelle. Tu cherches un moyen.

— Assez, assez, cher ami ; comment ! c'est à ton insu que ton chemisier est venu chercher tes chemises pour les réparer, les rarranger quant aux cols, manchettes et boutonnières ? C'est par admiration pour ton génie, que ton bottier est venu quérir tout, absolument tout ce que tu pouvais avoir de bottines à ressemeler ; que ton ami Marionne te renvoie les livres qu'il avait à toi, en demandant, puisque tel est ton désir, que le même piéton surchargé d'un crochet remporte ceux qui sont à lui, et ici, momentanément, et que tu as lus?

As-tu craint que la terre te manque, et me prends-tu pour une simple pécore à brevets, une guigne, un zéro dans mon ménage que tu nolises une manne de chez l'épicier pleine de conserves assez pour passer tout un hiver à la Nouvelle-Zemble ? un charbonnier s'est présenté, un tonnelier s'est enquis si l'on avait besoin de ses services? le gazier..

— Le tailleur n'est pas venu?

— Monsieur raille, je me la brise. Débrouille-toi. Ah! qu'est-ce que je suis venue faire dans ces galères?

— Ah! le tailleur n'est pas venu. Eh bien, je vais aller chez le commissaire de police.

— Ça y est, il est fou; ce n'est pas de surmenage pourtant, tu ne travailles guère.

— Ni toi non plus, qnand tu vas au Bois.

— Fallait-il rester à recevoir ce défilé? je suis partie, il en est peut-être encore venu d'autres. C'est affolant.

— Oui, c'est affolant, aussi je vais aller chez le commissaire de police. Car... sais-tu ce qui m'arrive? Je vais au journal, prendre une avance; je t'en voulais faire la surprise. Je demande Goblin, le caissier, on me répond naturellement qu'il est « au

Pousset ». J'y vais et voici un gaillard qui m'offre une absinthe matinale; je n'en prends pas, — lui, grand bien lui fasse ! — et me dit joyeusement : « Votre homme est venu, j'étais en fonds, j'ai payé, le reçu est à votre disposition. — Mais je n'ai envoyé personne? — Ah bah, personne ! c'est Frené le tailleur, je le connais, il est mon tailleur aussi, il est venu lui-même avec une lettre parfaitement autographe, il m'a même dit : « Il va bien, M. Jordon, c'est le succès qui lui vient ou a t-il fait un héritage ? c'est la première fois qu'il me paye sans me faire le moins du monde attendre. — Faites-lui l'escompte, lui ai-je dit. — Eh bien oui, volontiers, ça vous fait trois pour cent que je vous ai sauvés. » Nous sommes montés au journal, et ce que j'ai vu, c'est bien mon écriture, ma signature. Je vais chez le commissaire.

— Non, attends, réfléchis, cherchons.

— Tu es complice?

— Vraiment, tu es fou; un changement d'air, veux-tu?

— Je suis désargenté avec cette affaire de tailleur.

— Va chez ton oncle.

— Il me bat froid.

— Va à la *Revue*.

— Ce sera court.

— Eh bien, le voyage aussi.

— Allons deux jours à la campagne? Soit.

VI

Ils y furent heureux comme des fous, mais deux jours même poussés à trois c'est peu. Ils rentrèrent par un train du soir et s'endormirent fourbus de leurs trois jours de course parmi les coquelicots, les blés, les sentes de bois et les routes semées de guinguettes. Ils crurent en dormant tenir des brassées de foin coupé, et Jordon savourait l'heure du demi-sommeil avant la reprise de la tâche journalière. Il lui sembla qu'un index cognait très légèrement à sa porte. Il voulut se persuader que ce n'était qu'un rêve, que quelqu'un faisait quoi que ce soit au-dessus, au-dessous, à droite ou à gauche, mais que personne personnellement n'éprouvait le besoin de le déranger. Le coup fut refrappé simplement, doucement, poliment, fermement, et Jordon entre-bâilla.

Un monsieur, tête nue et en habit noir, lui dit :

— Pourriez-vous me donner un instant ? un seul instant, c'est pour votre bibliothèque.

Des tomes étaient rangés par terre, en files régulières.

— On préfère généralement, dit l'homme en habit, que les livres soient rangés par format, mais certaines personnes déclarent tenir à un classement par ordre des matières. Tout en étant pour moi-même partisan de la théorie des formats plus adaptée à l'art actuel de l'appartement, je laisse généralement le choix à mon client.

— Ah çà, qui êtes-vous ?

— Oh! cela n'importe pas, personnellement je ne suis rien, un passant.

— Mais encore ?

— Je suis un employé de l'Esprit pratique, voici mes références.

— Je m'en fiche de vos références; et vous vous mettez en habit pour venir embêter les gens le matin. Veuillez décamper.

— C'est bien, monsieur.

— Oui, décampez, filez et vite, car vous éprouvez rudement ma patience.

— Vous aurez le regret, si elle vous abandonne, de molester sans prétexte un brave homme; vous avez certainement demandé notre visite, car nous ne nous dérangeons jamais que sur expresse invitation. Enfin, Monsieur, mes regrets.

— Ah oui, en effet, je vous ai demandé, mais je ne vous demande plus ; je vous désinvite ; oui franchement, je préfère que nos rapports en restent là.

Et très vite Jordon courut chez le docteur Béranger

Celui-ci l'accueillit la main tendue :

— Vous êtes content, tout va bien ?

— Oh non, oh non, débarrassez-moi de cette hantise affreuse.

— C'est un peu difficile, vous avez dérangé le ciel, vous le renvoyez, c'est vif.

— Alors, un autre Esprit, l'Esprit de fantaisie.

— Je n'aime pas beaucoup à l'employer, et je le crois pour vous plutôt fâcheux. Il ne ferait que développer chez vous une nervosité déjà trop aiguë.

— Eh bien, alors rien, personne.

— Sans doute, vous êtes libre ; il est seulement, comme je vous l'ai dit, un peu gênant pour moi que vous vous ravisiez si vite. Il faudra contremander bien des choses ; enfin, j'en prends les ennuis sur moi : merci et au revoir.

— Au revoir, sans adieu...

Un fracas se fit entendre. Jordon sauta à bas du lit. La concierge, un plumeau à la main béait devant l'éparpillement des cinq tomes d'un Littré.

— Monsieur, c'est en époussetant.

— C'est bien, c'est bien, faites attention.

Et Jordon se tâta ; alors tout cela était un rêve, oui un mauvais rêve fait auprès de sa chère Louise qui ouvrit un œil et lui dit :

— On ne peut jamais être tranquille avec toi. Rentrer tard et se lever tôt, ce n'est pas possible ; si tu veux danser dans l'appartement, à ton aise, mais à la muette, n'est-ce pas ? et laisse-moi dormir.

— Mais moi aussi je vais dormir... et Jordon ayant retrouvé le bonheur allait se recoucher, lorsque Louise d'une voix douce :

— A propos, n'oublie pas qu'aujourd'hui tu veux aller chez ton oncle.

FÉRANDINE ET MARIANNE

A Henry Detouche.

Au lycée de...., Petit-Blan était devenu l'ami inséparable de Pierre Sordet. D'où venait cette amitié ? En similitudes : de ce que Sordet et Petit-Blan étaient d'accord pour s'occuper à peu près exclusivement, au préjudice de Virgile, Horace, Socrate, Démosthène, Boileau et des utiles metteurs en œuvre Legendre, ou Sonnet, de Victor Hugo, Musset, Baudelaire et aussi de Berlioz, de Schümann et de Wagner ; en contraste : de ce que Sordet était pétulant, Petit-

Blan taciturne ; que Sordet avait manipulé les *Euménides*, cinq actes en vers, et que Petit-Blan visait plutôt à la philosophie de l'histoire; que Sordet écorchait aventureusement du clavecin, sautant et se roulant dans les partitions difficiles, sans craindre les éclats de verre des tonalités fausses, que Petit-Blan, prudent, se bornait à fredonner avec âme les motifs aimés : que Sordet se voyait dans ses rêves, ministre, prince littéraire, *deus ex machinâ*, et Petit-Blan dans les propriétés de sa famille, en un bon fauteuil, lisant avec joie, entre deux partitions, les œuvres de Sordet; que Sordet tranchait, cassant, que Petit-Blan épiloguait, vaste, persuasif, l'un du haut de la tête, l'autre *ex imo pectore;* que Sordet voulait et que Petit-Blan était doux. Il était arrêté entre eux, non pas officiellement, mais tacitement, que Sordet serait la gloire fulgurante de son temps, et Petit-Blan l'honnête homme à la Joubert, à la Conrart, à la Doudan. Sordet

aurait la masse, le nombre, l'émotion intense
et contagieuse ; Petit-Blan la note fine et
contenue ; à l'un les *Iliades*, à l'autre les
Maximes; tous deux les poches pleines de
littérature contemporaine et exilés de la
république où ils étaient captifs ; autre
point de ressemblance, ne jouant pas, ni à
l'ourse, ni aux barres, uniquement contem-
platifs, discuteurs intelligents. Sordet re-
cherchait l'ironie et le brillant avec la séche-
resse et le dilettantisme ; Petit-Blan se
croyait une âme profonde, grave et tendre,
ce sur quoi tous deux peut-être se trom-
paient; mais cela ne faisait que sceller d'une
erreur solide leur amitié, et si ces deux
aspects de caractère se trouvaient dans leur
couple réunis, peu importait que cela échût
au petit, maigre et vif Sordet, ou au grand
et indolent Petit-Blan.

Ceux de Sordet, les quinquagénaires qu'il
appelait mes aïeux, étaient des négociants
retirés après fortune faite. Ils avaient vue sur

la place du Château-d'Eau de cinq fenêtres avec balcon à un étage possible. Ceux de Petit-Blan qu'il appelait simplement, les miens, étaient des négociants retirés après fortune faite. Ils se reposaient au creux d'un joli village vert et blanc, non loin des rives de la Loire. Les parents de Sordet prenaient quelques dimanches le jeune Petit-Blan pour le gaver de prévenances, les parents de Petit-Blan effectuaient tous les ans une visite, au cours de leur voyage à Paris chez les Sordet; ils y dînaient une fois. Pour toutes les vacances les parents de Petit-Blan insistaient pour emmener et distraire quelque peu le petit Sordet; mais Albert n'avait jamais assez travaillé durant l'année, et un professeur jouissait de ses meilleurs instants pendant l'août et l'octobre où Petit-Blan se roulait dans l'herbe. Ils se quittaient le soir de la distribution des prix reçus par eux avec des sentiments bien différents. Sordet se substituait d'avance et en esprit à la célébrité présidente, et mentalement améliorait et même modifiait le discours de cet illustre. Petit-Blan le comparait simplement et mettait ce frac palmé et décoré bien au-dessous des orateurs qui lui étaient chers. D'ailleurs, la lecture du palmarès leur profitait assez peu. Ils accueillaient en cas de succès les livres avec joie; quant aux couronnes, il les jugeaient suffisantes pour leur famille et simplement les toléraient.

Pendant les vacances, Petit-Blan à qui il était dévolu d'écrire le premier, communiquait son âme hebdomadairement à Sordet qui, en retour, déversait dans la sienne ses bonheurs fugitifs et ses douleurs âcres. Le ton de Petit-Blan se guindait même sans monotonie jusqu'à Lacordaire; Sordet procédait d'un style plan coupé de périodes lyriques. Sordet était romantique et crispé, Petit-Blan évangélique et onctueux. Les lettres de Sordet étaient moitié la protestation d'une belle âme brisée par son époque, et aussi à l'étroit dans un corps encore trop petit, à moitié un brillant tableau de la semaine littéraire et des découvertes livresques auxquelles il atteignait. Petit-Blan était beaucoup plus purement sacerdotal, pédagogal, musicolâtre et prédicateur, et les drames sentimentaux de sa vie ne s'accusaient que par des phrases claires mais strictes. Sordet dépeignait, Petit-Blan jaugeait.

En 1875, Mme Petit-Blan dit à Mme Sordet :

— Cette année, je pense que vous ne nous refuserez pas Albert, Francis serait si content d'avoir son ami ! Et M. Sordet déclara :

« S'il passe son baccalauréat, je vous expédie le colis. »

Malheureusement si trois juges accueillirent le sympathique Petit-Blan comme trois saint Pierre agitant joyeusement des trousseaux de clefs, parmi les trois juges de Sordet il y en eut un sans doute malévolent, rosse, chien, comme disait l'argot de ces jeunes hommes, et à coup sûr enténébré par l'âge ; il invita Sordet à aller étudier mieux la mathématique. C'était le propos célèbre de la courtisane à Rousseau. C'était pourtant par des raisons radicalement opposées que Sordet se trouvait inférieur.

Petit-Blan qui se trouvait depuis quelque temps jaloux, car ses bonnes fortunes étaient fort amplifiées, sinon apocryphes, et que Sordet lui en avait montré une bien en face, bien en chair, en os surtout, mais réelle, solide, existante et distrayante, ne put s'empêcher de triompher, et bien modestement, et bien onctueusement :

« Vois-tu, Albert, tu donnes trop à l'imagination, c'est ta qualité maîtresse ; mais dans la vie ne la faut-il pas tempérer un peu ?.....

Et Sordet de se récrier : il était refusé comme tant de grands poètes, et le martyr quitta l'apôtre avec un rien d'ennui. C'était la première fausse note en leur accord, et M. Sordet fut inflexible et interna monsieur son fils dans une boîte à bachots.

Albert Sordet triompha en novembre, trois mois plus tard. Petit-Blan, lui, ne revenait pas à Paris en octobre, mais bien en novembre, réouverture non plus des lycées mais des facultés. Il y eut pendant cinq à six jours entre eux cette nuance que Sordet était encore un lycéen, et Petit-Blan un étudiant. L'étudiant fit grand faste de son installation ; il demanda à M. Sordet père son avis sur le logement qu'il allait prendre et eut recours à l'expérience de Mme Sordet pour se procurer quelques meubles sans fortes dépenses. Il entrait dans la vie, avec des exagérations de correction.

Sordet, qu'on destinait à une école du gouvernement, n'avait pu passer un examen d'entrée. Il perdit un an. Il était un oisif, un vacant, un pied de fruit sec, temporairement du moins. Petit-Blan avait acheté

d'énormes livres sur des matières nouvelles.
Sordet en était encore aux mêmes peines.

Petit-Blan logeait où il voulait, mangeait
atrocement dans des gargotes, mais libre,
libre, libre ; Sordet était gardé chez lui, très
choyé, mais malheureux. Ils se voyaient
quotidiennement et commençaient à s'étudier. Ils s'étudiaient au concert où ils
applaudissaient, au théâtre dont ils raffolaient, le long des journaux où ils dédaignaient, le long des livres ; car maintenant
ils divergeaient. Petit-Blan levait un drapeau,
à son gré, on torturait trop la langue,
l'idée ; on cinglait vers l'excentrique et le
contourné, et on oubliait quoi… l'essentiel,
la Pondération… « Faites, agissez, renversez, bouleversez ; mais n'oubliez jamais la
Pondération… » Sordet s'exaltait avec toutes
les nouveautés excellentes ou pires, fut navré
de ne pouvoir concilier dans une admiration
collective les contraires récents et dans un
mépris positif les contraires anciens, et

d'ailleurs pendant que Petit-Blan ergotait, lui, il écrivait, il écrivait et il lisait, à qui... à Petit-Blan, qui déclarait : « C'est très beau ; mais cette inspiration, ne la modère pas, c'est une précieuse qualité, mais pondère-la en travaillant à acquérir les qualités qui te manquent, la justesse, la mesure, le bon sens, enfin la Pondération. »

Petit-Blan éprouvait une joie vive lorsqu'il dînait chez Sordet. La bourgeoisie des entours, les fauteuils à housse, la suspension blanche, la nappe et le couvert, blanc et argent, propre, net, cossu, lui causaient des palpitations de bonheur ; il vivait dans du passé et du futur. Sordet éprouvait des joies de réfractaire-né à avaler les horribles nourritures que pour 1 fr. 10 on donnait à déjeuner à Petit-Blan. Ils s'invitaient beaucoup l'un l'autre.

Des amourettes vinrent à passer, passagères ; ils furent souvent quatre ; mais les jeunes personnes chantaient des vulgarités, et les détournaient de leur dévote régularité aux concerts. Cela leur fit pourtant, vers mai, parcourir les environs de Paris.

Sordet jusqu'alors connaissait quelques quartiers de Paris, Versailles, Saint-Cloud, Saint-Germain, le Raincy et Villejuif. Petit-Blan à peu près la même chose et, en plus, sa province natale. Au bout de cette année, en dehors des excursions en commun qui leur révélèrent les Bougivals, les Chatous, les Vincennes, Sordet connaissait à merveille tout Paris par rues, carrefours, caractères. Il savait les faubourgs avec les assommoirs et les chambrées, les longs boulevards extérieurs déserts et flasques, d'où, à un brusque coin, on aperçoit deux fils de lumière descendre vers Paris. Il avait étudié les Montmartre et les Gobelins, il savait les tavernes bric-à-brac et les cafés où il y a des revues. C'était d'ailleurs, par goût, un champignon de pavé. Petit-Blan, lui, médita parfois seul au-dessus du Luxembourg, dans les désolés Montrouge, et aspira vers les lointaines verdures. Juillet trouva ces deux amis, encore inséparables, quoique s'aimant d'une amitié moins aveugle. Petit-Blan avait passé un examen, mais Sordet avait donné des vers à la *Dryade*, deux numéros aujourd'hui introuvables, et *Nos pantoums*, petit recueil où la voix de l'aimé alternait avec celle de l'aimée, était en lecture chez un éditeur.

De plus, Sordet avait mené Petit-Blan à un café par lui spécialement fréquenté, où il fumait sa pipe en causant avec des poètes, les uns glorifiés pour avoir paru chez Lemerre, et les autres célèbres de n'y avoir point paru. Droite et gauche. Pondération et liberté. Petit-Blan n'y fumait que la cigarette et inclinait vers la prose nette et substantielle, non sans rêverie. Et comme il n'écrivait pas, il déclara à Sordet la rêverie très supérieure, très meilleur son, plus originale et précieuse, et rare que l'imagination versifiée. Sordet déclara que non, Petit-Blan rélucta que si, sincères ni l'un ni l'autre. De plus, Petit-Blan, pour ne pas demeurer inférieur, acheta ostensiblement, publiquement, ostentatoirement un traité d'harmonie. Les équivalences étaient rétablies.

Et par cette fin de juillet, ce fut de la joie, de l'ivresse, de la vraie fringale d'air, de la soif d'aventures que ressentit Sordet quand, partis tous deux pour la gare, il prit son billet, le soir, parmi le hall grand comme l'espérance, la voie qui s'enfonçait dans le noir, parmi des gens qui voyageaient sérieusement, forcés d'aller d'un point à l'autre; qu'il entra avec Petit-Blan dans une somptueuse troisième où Petit-Blan déclara qu'on pouvait parfaitemeut dormir. Dormir, il en était bien question. Sordet agitait le début de ses « Reisebilder » futurs. Petit-Blan répondit de sages axiomes sur la joie de revoir sa famille et, sagement, s'endormit, laissant Sordet frétiller devant la vitre, devant les becs de gaz fuyant devant eux. Quand la ville se fut effacée, il compta les stations, il s'amusa des petites gares, rua Petit-Blan dans les buffets, et l'en sortit avec des hâtes nerveuses, changea de train avec un sentiment profond des beautés de la locomotion, s'assoupit un peu, accueillit l'aube à cris de joie. Petit-Blan s'était réveillé d'un somme, il jouit de ce bonheur. L'aube, c'était une des attractions de son programme, son premier triomphe d'homme de la campagne, sur l'artificiel citadin.

— C'est beau, dit Sordet, c'est beau!

— Oui, dit Petit-Blan, on ne s'en lasse pas.

Ce fut perlé. Après l'aube, le matin aigre, où Sordet mordait comme dans du pain bis; à la petite station proche, un cabriolet les attendait.

— Bonjour, monsieur Francis.

C'était le cocher de la famille qui venait les prendre ; un cocher à casquette noire, blouse bleue, teint couleur de terre.

— C'est Pierre, dont je t'ai parlé, notre jardinier et notre cocher quand mon père ne peut pas conduire.

Puis, Petit-Blan s'intéressa à des personnes, puis à la Pivaude : c'était une magnifique vache noire et blanche ; à Négro : c'était un chien tout noir, tandis que Glayeul, blanc et café au lait, était un chasseur émérite. On roulait en chemin creux, entre deux talus ; et puis, ce fut de la prairie rase, des bruyères roses, un clocher, des maisons, et des cris d'allégresse ; M. et Mme Petit-Blan se jetaient hors d'une maison, et saisissaient leur rejeton, et le palpaient, et pétrissaient les mains de Sordet ; des casquettes se soulevaient aux environs, des yeux attendris les regardaient ; le curé, qui passait, salua discrètement, mais content aussi : c'était clair, officiel, et on jeta les deux amis dans une salle à manger où, une fois vigoureusement assis, au milieu du piétinement et du bourdonnement de M. et Mme Petit-Blan, semblables en cela à deux grands cerfs-volants, bondissant de leur fils au buffet, se cognant à la fenêtre, bousculant des chaises, bousculant une servante effarée, et par devoir émue, ils aperçurent sur la table deux jattes et une corbeille à eux seuls destinées. Ils attaquèrent, et la famille Petit-Blan reprit son ordinaire majesté.

Ah ! que Sordet était enchanté ! La salle aux parois brunes était carrelée ; les dalles noires et blanches disaient de beaux travaux de la servante ; un buffet de chêne clair, un râtelier avec des fusils, une grande botte de roses dans une énorme cruche de majolique ou de barbotine, mais très belle, et du soleil. Un homme passa, son ombre apparut à mi-corps par la fenêtre ; il sonna et l'on cria : « C'est le facteur. » Que c'était délicieux, quelle supériorité du carrelage sur le parquet; et ces fusils, quelle originalité ! et ce facteur qu'on voit passer, cette ombre sur le rideau, et qui sonne tout simplement, et ces gens qu'on voit, tranquillement assis, de sa place, jaser, virer, s'approcher, repartir, comme c'est loin de Paris, et plus simple. Comme c'est beau, et différent, et Sordet immolait à la Minerve rurale les blancs architectonismes de Paris; et un coucou tintela son aigre musique ; c'était charmant. Le déjeuner pris, il fallut voir la chambre; des chèvrefeuilles s'entrelaçaient à des palmes, caprice d'un Roubaisien, sur les murs et la courte-pointe, et la fenêtre s'ouvrait sur une rue de village, large, sableuse, et des arbres, et des coteaux, et surtout sur un frais soleil amené par un vent guilleret, qui agitait et faisait reluire l'armet de Mambrin du barbier de village, et prêtait de sa splendeur à un beau zouave colossal, emblème du marchand de papier et d'images. La visite terminée de cette chambre hospitalière, les jeunes gens furent immédiatement introduits dans le cabinet de travail de M. Petit-Blan, vaste pièce à deux fenêtres; on découvrait de là la grande place et le portail de l'église. En sus, Petit-Blan dut voir, objets familiers pour lui, et Sordet pour la première fois, et joyeusement, quelques revolvers, pour lui extraits avec soin de leur boîte; des pistolets de tir, quelques fusils de chasse et un rifle à nombre incalculable de coups.

— Celui-là a fait la guerre, dit M. Petit-Blan en tapant familièrement sur le bois de la crosse, comme sur l'épaule d'un vieux camarade : à Artenay; il faisait chaud; ce qui l'amena à s'éponger sans nécessité le front qu'il avait un peu chauve, et l'empêcha d'insister sur le demeurant de ses richesses mobilières, fauteuils et chaises, table de travail et cartonnier et bibliothèque bourrée de registres, fermages, dépenses, recettes, etc... et grands-livres conservés de l'ancien commerce, comme des manuscrits de livres à succès. Et l'on descendit. Mme Petit-Blan attendait sur le seuil de son salon, mais le père fut inflexible : c'était le tour du jardin. Un tour de jardin ! Sordet s'extasia d'une pelouse, d'un beau tilleul, d'un sapin estimé, d'abricotiers et de pêchers vantés, de futiles lilas menacés dans leur vie future, de noisetiers plantés là parce qu'il y fallait bien mettre quelque chose, des rames imposantes des pois et des haricots ; le jardin faisant un coude, alors c'étaient des fleurs, un tapis de pensées, un buisson de roses, l'habituel bégonia, l'oiseux rhododendron, de beaux et grands lis ; enfin, près de l'ombre d'un grand noyer, une chaumière rustique, envahie de clématites bleues, à parois de verres rouges, bleus, orangés, et, dedans, ce qu'il fallait pour prendre le café.

— J'ai fait ajouter pour vous ce qu'il faut pour écrire, monsieur Albert, et je crois que là l'inspiration ne vous manquera pas.

Et M. Petit-Blan rayonnait, et Sordet aussi, et aussi Francis Petit-Blan acquiesçait, car il accordait à Sordet l'inspiration.

Madame Petit-Blan fut récompensée de son attente ; Sordet fut placé sur un beau fauteuil rouge à tapisserie ; il remarqua le piano aux jaunes dents de vieux cheval, le guéridon, la délicatesse des vitrages, l'ampleur des rideaux, la splendeur de la pendule, et tous les anciens Petit-Blan tiercés avec les anciens Clavoix, la famille adjuvatrice en cette œuvre de créer Francis Petit-Blan, très aimables dans des cadres d'or, et fournissant une bonne contribution à l'histoire du daguerréotype, du rouge, de la dentelle en notes dominantes, et la porte brusque s'ouvrit dans une grande enjambée de soleil, et du rose et du bleu, Férandine ! Francis ! et près de Francis des yeux d'un joli saphir clair, dans un teint à la Greuze, des cheveux très convenablement noirs, un corsage, une jupe, rose et blanc.

— Notre cousine, monsieur Sordet.

— Je me sauve, je n'étais venue que pour rapporter le journal.

Et la jeune fille s'en alla avec le soleil dont les folâtreries de jeune faon sur les pivoines du tapis parurent bien moins gaies ; tout le sang de Sordet lui était afflué au cœur. Il se remit gauchement. Et M. Petit-Blan, persuadé que cela provenait d'un manque d'exercice, d'une trop longue station parmi des chaises, s'écria :

— Allons au Bouquet, allons chercher de l'appétit.

Et trois chapeaux de paille furent visibles sur la grande place pendant que Mme Petit-Blan évoquait sa cuisinière pour les préparatifs urgents. Le Bouquet, c'était un petit bois où l'on pouvait chasser quelque lapin, à hygiénique distance du village, le temps d'une courte promenade ; chemin faisant, on trouvait Francis grandi ou forci ; les paysans se soulevaient sur leur bêche.

— Nous rentrerons déjeuner, dit le père, et après tu feras tes visites.

Ah ! il n'en eut pas besoin ; sitôt un large déjeuner paré de toutes les paysanneries de nourriture et d'un vin de coteaux, et d'un petit bordeaux, et d'excellent café, et du vieux cognac comme on n'en fait plus que pour les gens riches, prudents, économes, les visites arrivèrent ; tout le monde venait admirer Françis : on le dispensait de la première visite (la curiosité pour le jeune homme de Paris y était bien pour quelque chose), et une longue causerie de province dura, dura, où Sordet s'amusa, comme à toute chose neuve ; tout ce microcosme de vie lui paraissait suffisant, et il revit Férandine non plus en coup de vent, mais en personne sérieuse. Ses joues y perdaient de leur animation, les yeux y gagnèrent d'être mieux vus, et, le piano tendant ses longues dents jaunes, il y eut là chants et musiques ; et le soir, après dîner, Petit-Blan emmena son ami errer le long des brandes, et lui montra, au long des chemins creux, des plaques de granit rose, des bruyères roses, tout un fond de nature qui se rosissait sous l'effondrement dernier du soleil, la rivière la Solize, vers laquelle ils descendirent par des éboulements de roches, et des robes de fée flottaient sur ses eaux par le crépuscule, et la rive d'en face en montée douce étageait des gazons et des châtaigniers. Ils revinrent sous le lever de la lune ; dans la plaine silencieuse parfois passaient des bruits, des gémissements de bêtes, des lourdeurs, mi-bruit, mi-silence, choses toutes neuves pour cet urbain de Sordet.

— Ah, dit Petit-Blan, tu n'avais jamais vu la nuit, ni le coucher du soleil, ni le crépuscule : l'éclairage de Paris annule tout cela.

D'ailleurs il triomphait modestement ; on sentait bien, à l'entendre, que la force des choses était avec lui. Et quand Sordet se coucha accablé de fatigue, et pourtant plein de plaisir frais, il ne recula pas à s'avouer que la journée était à son ami. Puis dans le robuste sommeil de la jeunesse, une grande enjambée de soleil, une face rosée, des cheveux noirs, les yeux très bleus, limpides et caressants, et un rêve de joie dans l'immense silence.

Le lendemain, ce fut la visite de la Croix-Louve. Ce bien des Petit-Blan commençait par une large allée de châtaigniers, offrait une commode maison d'habitation tout en rez-de-chaussée, pourvue de vieux meubles solides et paysans ; un potager s'emmanchait à un verger en pente, au bas duquel c'était un moulin, avec la bruissante gaîté de son écluse, le hop-hop des roues ; des sacs blancs tombaient d'un grenier, des hommes tout blancs appelèrent dans la plaine, et des femmes arrivèrent, pourvues de lait frais, pour préparer les collations. Des coqs faisaient la roue au fond des écuelles, et, la collation prise, ce fut une promenade en barque sur l'étang, un large étang qui de loin, parmi les maigres roseaux, semblait une feuille de zinc, un étang à lui seul automnal sous ce ciel de plaine, parmi tout l'été des verdures, de la maison et du moulin. La Croix-Louve commençait en joli décor pour Gilles et Lisettes, et près de l'étang un coin de brande se montrait, et se continuait en bruyères roses, contigu à la terre des légendes et des soirs où passent le Meneu de loups, les follets, les chats aux pupilles trop vertes et trop larges qui regardent à travers les roseaux. M. Petit-Blan détacha une barque d'un petit appontement de bois et godilla ; la barque douce les menait parmi l'ouate reflétée d'un nuage. Cet étang était peuplé de brochets destinés à être mangés par les Petit-Blan, et de gardons destinés à être mangés par les brochets. Ce furent à ces derniers seuls que Sordet, armé d'une ligne, fit tort, car il

amena coup sur coup deux gardons, ce dont
sourit Francis qui pourtant y ajouta un troisième. Lors M. Petit-Blan lui-même prit la
ligne et retira le brochet voulu; alors la
barque glissa vers les roseaux; Francis
ramait fort bien. Sordet fut jugé dangereux
au premier coup d'aviron. Il crut devoir objecter qu'un homme peut avoir du génie et
ignorer l'art du rameur, cela heurtait la
conception de Francis. L'homme de génie
pouvait ignorer la nautique, mais transporté
sur un étang, en une barque, sis en face
d'un rameur, il devait bientôt, par une
observation rapide et sûre, s'être assimilé
le métier, et le tour de main. Il ne fallait
pas oublier que l'imagination, à dire vrai et
sans conteste, qualité maîtresse, ne saurait
seule et sans le don d'observation constituer
le génie. Sordet défendait le contraire et
alignait des exemples. Les grands noms partaient sur l'étang comme un vol de canards
sauvages. M. Petit-Blan haïssait les discus-

sions littéraires entre jeunes gens, parce que faites à voix trop haute et susceptibles de lui apporter des migraines. Il fit diversion : il offrit à chacun des antagonistes un cigare dont il vanta la rareté, et les petites fumées allèrent s'anneler vers le nuage, et tout le calme doux de l'étang reparut pendant que M. Petit-Blan continuait à ramer très lentement. Et tout fut charmant depuis, le débarquement, le ramas de bouquets de bruyères pour les vases néo-grecs, ornements du salon, et la rentrée au moulin, et le retour joyeux de la carriole avec le petit cheval tiquant de la tête paraissant répondre au salut des paysans à blaudes bleues et noires, qui soulevaient leur casquette ; et le jour coquettement tombait, jouant avec le souci de Sordet que l'heure crépusculaire ne lui permît pas de retrouver chez ses hôtes Férandine, et la joie d'arriver vers les lampes, le piano sonore et les jeunes filles chantantes, qui modestes s'interrompirent à leur entrée. Mais pour recommencer ; ce n'étaient point des trouble-fête, le vieux clavecin résonnait sous les doigts jeunes en une liesse oubliée durant les mois d'hiver. Sordet, qui avait toujours travaillé dans le majestueux et le chef-d'œuvre, était bien un peu choqué des mosaïques d'opérette et des valses chantées ; mais ces pauvretés prenaient en cette atmosphère un extrordinaire caractère d'appropriation : au bout de peu d'instants les jeunes filles, aux yeux de Sordet, n'étaient plus les interprètes d'une exécrable musique ; ce qu'elles faisaient avec ces pauvres notes dansantes, c'était un effort, et méritoire, vers la vraie musique. Pourtant Petit-Blan, qui ne voulait point paraître provincial même à la campagne, même en ses relations, mit en lumière un cahier de vieilles romances ; et alors le charme du démodé, le comique des vieux falbalas de tendresse, l'élégie aux boucles contournées, aux longues anglaises, le rire en résille et en boléro, et parmi tout cela une fraîche chanson, au rythme populaire, et puis d'autres, et puis d'autres, les *Rosiers blancs*, les *Violettes doubles*, les *Capitaines*, et *Jean Renaud* de guerre revenait, et la voix fraîche et grave de Férandine sonnait ; les lampes veloutées d'abat-jour, la tiédeur du soir, un parfum de verveine et de chair jeune, l'odeur violente des branches de syringa, les braises d'or des cadres, la candeur des tapisseries au crochet, et jusqu'au calme profond, émulsionné d'aise des vieilles dames, ce bruit de joie tranquille en cette paix, tout cela c'était, aux yeux de Sordet, du bonheur, vrai, pas frileux, commode et profond, et il songeait, et une vie s'ouvrait à ses yeux comme une tranquille avenue d'arbres taillés vers une maison tiède et ainsi illuminée ; et toute sa petite âme, jusque-là sèche et combative, s'émoussait, se tranquillisait, s'indolait. La fausse note devait venir, elle vint : ce fut Mme Petit-Blan qui le sommait obligeamment de réjouir à son tour l'auditoire. Sordet n'avait pas envie de briller ; il voulait absorber, boire le décor où chantait Férandine, et laisser tourner devant lui la chaise où elle s'asseyait, la lumière qui jouait dans ses cheveux, le guéridon qu'elle touchait, les voix qu'elle entendait habituellement ; mais s'excuser eût été impossible ; et comme maternellement Mme Petit-Blan s'acharnait à vaincre ce qu'elle croyait une timidité, Petit-Blan donna : il fallait s'exécuter ; on s'amusait ensemble, chacun devait travailler à la joie commune ; Petit-Blan avait son idée, ce que Sordet comprit. Quand Sordet eut terminé, il arriva — oh ! fatalement — qu'on demanda à Francis son grand air, et ce fut accordé avec, à peine, quelques préparations. Ce fut un grand succès de famille ; mais il avait chanté après Férandine, et Sordet le ressentait vivement. De quel droit chantait-il ? Ah ! s'il eût été possible de passer les heures à entendre chanter Férandine ?

Et ce n'était point cela. Il fallut voir des guérets, des bouquets de bois. M. Petit-Blan aimait montrer son bien, tout au soleil, autant que cet Écu-gigogne de père Sordet mettait de soin à le cacher. Et Francis entraînait son ami en longues courses vers la Solize, classant en route ses sentiments, au contact de l'expansion de ceux de Sordet. Si bonnes, si salubres que fussent ces longues ruées dans le grand air, et charmante l'orée du village avec des fracas de poules effarées et des accueils fûtés de paysannes, si amusante l'auberge aux vieilles faïences, le creux fleuri, l'espalier soigné des jardins de curé, imprévu le ruisselet, et distrayante la baie poussiéreuse et acide, à portée de la main, durant les longues marches, les meilleures heures étaient les heures sous la lampe, avec le truchement berceur des clavecins, entre les jeunes gens; car si Férandine n'avait point de raison encore pour aimer Sordet, et si elle s'éveillait seulement à l'idée d'aimer, idée encore chez elle livresque, de page d'album, de romance, elle était fière d'avoir été si vite distinguée par ce jeune homme venu de loin, et tout aimable lui souriait. Et parmi cet été plus amusant de la présence d'un étranger, plus gai de musiques, plus gai d'entrevues plus fréquentes, les gens sages du village se laissaient bercer, se laissaient glisser à leur insu jusqu'à une sorte de vague et tendre complicité, comme des gens qui voyant dans leur vie renaître l'amour, si longtemps oublié, si longtemps relégué en ses formes de souvenirs, en des coins de tiroirs et les albums de muettes photographies, si longtemps réduit à l'état d'élément d'intérêt dans leurs lectures, et habitués à le revoir en eux-mêmes, quiet et circonspèct, se laissaient fasciner à la vue du bel enfant floré courant presque nu devant eux, et regardaient bienveillants de timides premiers pas qui n'étaient pas encore des gambades. Les journées de Sordet étaient comme des allées sinueuses et jolies où il allait rêvant, autour d'un joli pavillon mangé de glycines et de clématites, et, dedans, des divans où il s'allongeait pour rêver à des fruits frais, à des roses sur des guéridons de laque avec un clavecin où toujours ouverts les cahiers d'une musique qu'eût écrite un Watteau de la musique, et une chambre d'attente, aux tapisseries d'une Cythère Bergamasque, gavottant et aussi chantant le soir, sous le loup, dans les jardins d'ombre, près de fenêtres aux lampes d'or, une chambre de bois verni et de cretonne, où l'amoureuse passerait un instant, comme le rayon de soleil par la fenêtre, riante et caressante, et vive et gaie comme un oiseau lissant ses plumes, et peut-être après, comme l'oisel au miroir d'une source, un instant, resterait.

Et le soir les personnes du village se réunissaient les unes chez les autres ; on parlait, on évoquait l'idée des soirs d'hiver où il faudrait prendre une lanterne et se visiter à travers la neige, soigneusement encapuchonnées, au lieu de jouir de ce long et joli crépuscule qui vous éclaire jusqu'aux salons où la lampe encore un peu de temps s'amuse à lutter avec le jour. Sordet aimait ces lumières doubles, ces clartés équivoques un peu fanées, tendres, adoucissantes, plus intimes que lorsque la nuit accumule ses massifs d'ombre, et que la pièce éclairée est un îlot dans la nuit. Avant, ou en intermède aux obligatoires musiques, il écoutait les caquets qui se déroulaient, avec leurs réticences, leurs points d'orgue et les petits rires qu'ils appelaient. C'était comme un chœur léger de fileuses éveillées d'une touche légère, apportant l'atmosphère de la salle paysanne, ornée, où dévident les rouets, sur un chant vif, sans éclat de voix, de la dentelle fine de sonorité ; à ce pas preste du rythme se déroulaient les mails et les esplanades de la ville de pro-

vince, avec son brin accompagnateur de
musique, et les dames gantées et les demoiselles modestes, et les militaires corrects,
et les jeunes écervelées, et des trottinements hilares de servantes et de damoiseaux, le tout sous des quinconces de
marronniers, avec le bruit d'un jet d'eau
alternant avec des bouffées de cuivre et de
hautbois. Il y passait des messieurs graves,
le receveur, le percepteur, le professeur,
le notaire, des dames au bras, opulentes
avec des chaînes d'or, et les jeunes tout
alertes du chapeau venu de Paris, et les
petites demoiselles heureuses d'être dehors,
toutes confites en douceur, un peu hypocrites, et cela tournoyait, tournoyait doucement, évoquées sous leur caractère distinctif, brusquement éclairées d'un sobriquet,
d'une anecdote. La lenteur ou la vitesse
des phrases évoquait leur démarche, un
mot leur regard, et tout ce vire-vire paresseux, coquet, offrant des hypothèses et des

déchiffrements, ces parallélismes avec regard
d'enquête prenaient vie en la jeune imagination de Sordet comme des faces du calme
Eden. Au bout de trois jours, il eût pu se
piloter dans le département ; il savait le
chef-lieu, et la bourgade, et les rouages, et
les relations, les affections et inimitiés,
les côtés politiques. Et tout cela lui paraissait charmant. Il eût, sur un mot, abandonné Paris et son cher Luxembourg, et
ses boulevards artistes ; il préférait le calme
vire-vire qui sort, un petit dimanche, hors
des maisons fermées, et puis s'y retourne
cloîtrer. Il eût accepté la rue moussue de
l'Évêché, et le pont silencieux sur la petite
rivière, et le jardin botanique. C'était mieux
que Paris, bien autre, bien différent ; peut-être pas mieux; mais c'était bien la cité
douce qu'il fallait à Férandine ; pourtant sa
beauté n'y serait-elle pas quelque chose
d'exorbitant ? Il la comprenait bien au village, parmi les chèvrefeuilles, les fenêtres

fleuries, les parterres parfumés, les sentes solitaires ; la ville de province était peut-être un mirage. Parmi toute l'enfilée des sonores murmures, il avait discerné que Férandine avait une sœur, actuellement pour quelques jours au chef-lieu : cela lui était tombé dans l'oreille ; il aimait ce détail, comme tous ceux qui venaient enrubanner le cadre du pastel qu'il regardait. Tout cela se reflétait en lui doucement. Il était animalement, végétativement joyeux, joyeux du fait d'être et qu'il y eût, à côté de cet être si beau, des êtres si doux. Tout cela, la campagne, Férandine, cette sensation de liberté qu'il avait hors de chez lui, de liberté et de prise au sérieux, les vers qu'il rimait, et qu'il jugeait bien supérieurs aux précédents, tout cela, c'était pour lui le même bonheur tranquille et fort de ce rayon de soleil qui était entré, la porte poussée, avec du rose de chair, d'étoffe, du bleu de ciel et de regard, le matin de son arrivée. Ah ! qu'il était heureux, pleinement, presque à ne s'en plus apercevoir. De la claire lumière lui fusait par toute la chair. Il ne réfléchissait plus. Il était sveltement gai. Il eût sauté, couru, chanté, parmi les places publiques ; il eût volé un ruban comme Chérubin. Enfantillage, enfantillage de jeunesse. Mais y a-t-il des enfantillages vis-à-vis de l'amour, et à dix-huit ans n'y a-t-il pas des êtres qui en meurent déjà ?

II

A-t-il tort, l'amoureux de l'églantine qui la délaisse pour une belle rose thé ? A-t-il tort, l'enfançon qui goûte l'eau des sources et la dédaigne pour la fraîcheur ample du vin, dès qu'on la lui révèle ? Faudrait-il blâmer celui qui caresse en son cœur très nouveau une jolie figurine selon Greuze et qui la laisse tomber si l'on dévoile brusquement la *Madeleine* de Ribera ? A-t-il tort celui qui, ravi des jardins entrevus des perrons de son palais, se retourne un matin, ébloui devant l'éclatante merveille qu'Aladin, grâce à sa lampe, a brusquement bâtie devant lui ? A-t-il tort, l'épris qui tient par la main son amie dans la clairière drue semée des pâquerettes du soleil, et que soudaine Titania se montre souriante et dévoile d'un revers de sa main, l'autre main tendue vers lui, en face l'agreste banc de gazon, l'horizon des lacs tièdes, des pelouses florées de roses colossales, de l'élan des lis vers les cèdres des ruisseaux, vers le fleuve avec les nefs d'aurore et le château magique aux coupoles qui chantent, et la feuillée illuminée d'un bal de fées, et les glaciers du devenir rougissant sous le baiser d'une aurore éternelle, l'appelle? A-t-il tort de courir à elle éperdu, oublieux de tout songe antérieur? Roméo eut-il tort qui, le temps de deux accords de pavane, ne se souvint plus de Rosaline? Je ne sais, mais ce fut en un tic-tac de son cœur que Sordet oublia Férandine, dès qu'il aperçut les yeux de Marianne.

Il revenait d'une longue promenade avec Francis; harassés, heureux, gais, en approchant de la maison, ils entendirent causer dans le jardin. Dans le jour finissant et parmi les baisers mourants du soleil sur les feuilles, il l'aperçut. Elle se leva à son approche, grande, svelte, harmonieuse. A côté de Férandine elle parut la longue et fine Diane. Ses yeux gris, c'était la beauté profonde du fleuve. Des cheveux blond cendré, très fins, entouraient un front très pur, un peu étroit; du hiératisme comme égyptien se mêlait à la beauté tendre de cette jeune fille. Toutes les gaîtés et les belles santés claires, et les prunelles de saphir de Férandine, à côté d'elle, semblèrent villageoises. Elle avait une face d'âme avec un rien de songe, un peu de l'Olympienne ; le regard de Sordet lui monta comme un lierre autour d'un marbre. Elle parla, d'une voix un peu grave. Il s'assit auprès d'elle et, pâlissant, il maîtrisa un tremblement. Elle s'était affirmée avec simplicité en tout son cœur.

— Ah ! je ne connaissais, se dit-il, que

l'alphabet de la beauté; j'épelais et maintenant je sais lire.

Et les couleurs de feu qui s'emmaillotaient dans les duvets gris du ciel s'apparièrent à lui, comme des clairons de certitude, et des impressions de parvis de temple où la blanche prêtresse dresse des mains votives, surgissaient ; les minuties, les probabilités, les petites nouvelles de la conversation venaient à son oreille comme le large bruit de mer au fond d'une conque. Tout était Dieu; tout était chef-d'œuvre ; mais le plus pur joyau du monde était assis auprès de lui, et les moindres choses devenaient divines qu'elle disait, puisque l'animation de son visage y participait. Oh ! des soirs, des soirs encore comme celui-ci, comme cette heure, lasse sous les feuilles tremblantes des minutes, comme celle de son départ et du long développement de tout ce corps! Elle avait encadré ses traits d'une mante noire, et cela réduisait la face, la ramenait à une joliesse d'enfance où se jouait le sourire ; mais les yeux larges s'allumèrent des feux sombres de l'offrande ; on eût dit qu'une veilleuse voilée de flots de dentelle s'allumait jusqu'à la clarté résistante d'un phare, quand leurs mains se touchèrent pour l'au revoir : il sembla à Sordet qu'elle avait, comme lui, senti sourdre et fulgurer la passion, qu'il avait vu des feux de rougeur douce, couleur de pudeur et d'aurore, polir les blanches courbes de ce visage. Oh ! encore des soirs, comme ce soir, sous la lampe; et par la causerie mixte leur dialogue si précis, et les mots dans le hall royal de sa bouche se paraient des atours imprévus et charmants, et semblaient de belles dames penchées vers la sérénade de ses paroles, et tout ce qu'ils se disaient passait par des bagues de promesse, sous des arceaux de foi, des portiques d'amour, cependant que les propos ronronnaient, et que la sourdine du piano se tissait sur le grand murmure du petit jardin. Ses doigts maniaient quelque ouvrage, et ceci faisait qu'inclinant parfois studieusement la tête elle éclatait d'une encore plus belle beauté, et pourtant ses traits étaient doux ; malgré la coupe statuaire du profil, c'était la grâce qui armait ses yeux et tendait l'arc de ses lèvres, et appelait du blanc velours de ses joues. C'était de la gaîté méditative autour de l'esprit de sa bouche et du repos plein d'ombre de ses yeux. L'été avait jeté sur cette figure quelques menus grains d'or, et c'était un charme de plus, c'était un charme de douceur, le lien avec la vie de tous les jours. Et pour lui, oh ! il le souhaitait, des plénitudes d'âme, fréquentes et nombreuses comme par cette nuit blanche, où sa fenêtre ouverte lui montre les blancheurs d'innocence descendre en lents cortèges vers la terre, parmi ce calme si puissant, et ce silence si total qu'on s'entend respirer. Des soirs pleins, doux et graves jusqu'aux pleurs,

où l'homme presque extériorisé, toute voix
et tout génie, assiste à lui comme à un
offertoire, et les parfums des terres assou-
plissent leurs rafales, et viennent à lui
tour à tour, en ordre, émus, respectueux ;
et toute vision, toute faculté de l'âme, en
l'âme même, tournent lentement autour de
l'amour naissant, couché dans son berceau
illuminé d'une lumière tamisée, et se pen-
chent, et admirent, et se retirent peureux
de tout bruit, pour ne pas déranger le rêve
du dernier-né du Pan des sèves et des roses
que chacun porte en soi, de leur tout jeune
frère qui sera tout à l'heure leur maître et
leur prophète. Des matins comme celui qui
suivit cette insomnie, où il partit seul vers
la campagne, et les écharpes du soleil jeune
se déroulaient, et il enfila la venelle qui passait près de chez elle, et aperçut une gaie
splendeur écarter des feuillages pour lui
sourire et aussitôt se revoiler. Quelle joie
d'être ensemble, dans la matinée plus chaude

alors que le soleil dora pleinement la place, et de voir déboucher les violoneux d'un mariage, avec, deux par deux, paysans et paysannes chantants et que, tous les yeux étant fixés curieusement sur ce cortège, les leurs s'étaient parlé et s'étaient répété toute leur pensée depuis la veille. Leurs aveux, un instant vif comme un vol et un grisolis d'alouette, ne furent point plus tendres ni plus définitifs. D'ailleurs durant que l'alouette filait, M. Petit-Blan accourait.

— Vite, vite, mes enfants, à table, à table..., et sans doute leurs faces à tous deux ne pouvaient celer leur vérité, car un léger souci flotta sur le brave homme.

III

— Monsieur Sordet, préférez-vous les tailles plates ou les tailles rondes?

— Je ne sais pas, madame, je n'y ai pas réfléchi.

— Moi, je crois que ce sont les tailles plates. Elles indiquent, dit-on, plus de sensibilité et de tendresse.

C'était Mme Fogeret, une récente amie de Sordet, qui lui parlait, d'un ton doux. Elle goûtait Sordet à travers Schubert, son compositeur préféré, car Sordet l'accompagnait quand elle chantait du Schubert. Aubaine rare en ce village. Elle l'assurait ainsi de son intérêt pour sa nouvelle direction, car Marianne avait la taille plate et Mme Fogeret aimait beaucoup Marianne.

— Vous regardez les étoiles, monsieur Sordet ?

— Oui, madame...

— Vous ne regardez pas toujours la même étoile, monsieur Sordet.

C'était Mme Gerbel, une récente amie de Sordet, à qui il trouvait le mot pittoresque et amusant ; elle l'avertissait qu'il faisait mauvaise route, et qu'il n'est pas bien d'être volage. Sordet fut un peu étonné ; il ne se savait pas si deviné ; il ne pouvait savoir que ses secrets éclataient sur sa figure, et quel secret possible, en ce petit village, où la vie sociale rapprochait une vingtaine de personnes, comme s'ils eussent été de même famille, vivant seulement dans des corps de logis différents, et Sordet eût accueilli comme tout naturel d'avoir, en ses évolutions, des partisans et des détracteurs, s'il eût mieux su les choses, si son âme toute flambante avait laissé son esprit s'apercevoir à loisir de la vie de village. Il était l'aboutissement, la formule finale, au moins un fait qu'on pouvait discuter, intervenant au bout de longues méditations, conversations, polémiques, comparaisons techniques et littéraires, entre ces deux hypothèses : Férandine est plus belle que Marianne, ou Marianne est plus belle que Férandine. Ces deux jeunes filles résorbaient en elles toute la beauté du pays ; elles en accaparaient, à leur insu, les meilleures et les plus parfaites parlotes. Elles étaient belles, fières, et à peu près sans fortune, ce qui causait qu'on agitait sans cesse leur avenir, hors leur présence et celle de Mme Clairel, leur mère, qui, impassible et sûre d'elle-même, et confiante en leur beauté, attendait un Empereur qui fût en même temps le Prince Charmant. A son défaut, pour prévenir une intempestive demande de petit légiste ou de piètre médecin, elle eût accepté et de vive joie Sordet ; mais c'était un enfant, et il n'y fallait point penser. C'était aussi ce que croyaient

M. Petit-Blan et Mme Petit-Blan, en ajoutant en soupirant, un sincère : « C'est bien dommage ! » Mais, encore sur cette hypothèse les langues bataillaient. Était-il dommage que Sordet ne pût devenir le mari de Férandine, ou le mari de Marianne ? et les deux partis restèrent en tournoi. Néanmoins on apprécia moins ce second amour que le premier. Le jeune Parisien débarquant, terrassé par la beauté cachée en ce village, et s'ignorant en un cadre si mesquin, terrassé et enchaîné, c'était fort bien. En choisissant il entrait trop dans la vie réelle du village ; ce n'était plus un hommage aussi direct à la beauté générale du pays. Et aussi cela devenait plus particulier, et plus périlleux. Ce premier engouement n'était rien ; ce second amour pouvait bien être de l'amour et on craignait. On pensait, sans se l'avouer, que si Férandine eût joliment joué auprès de Sordet, cela ne tirait à nulle conséquence. Avec cette Marianne, qu'on sentait plus profonde en ses lacs d'intime douceur, ce pouvait être de l'amour, et du vrai, et alors dans cet impossible amour, de la souffrance pour elle. Mais sa mère ne le prenait point ainsi. Elle était seulement dépitée, que ces hommages n'allaient plus à Férandine, parce que cela avait un peu attristé la jeune fille, que cela ne solidifiait pas la bonne entente entre les deux sœurs, et aussi parce que Férandine étant la cadette, cela lui aménageait plus de temps pour en parler, sans y penser, avec ses toutes proches intimes. On mit au courant Francis Petit-Blan qui jura ses grand dieux. Si Sordet aimait, il le lui aurait dit; d'ailleurs son ami était une longue chaîne de feux de paille. La bonne nouvelle flamboyait sur une cime et s'éteignait, avant que l'autre cime eût le temps de répondre. Intérieurement, il était très étonné. Il ne se croyait pas vivant dans une famille qui contînt des jeunes filles si parfaitement admirables, et après réflexion, il entrevit beaucoup de plaisir pour lui, à ce que leurs liens d'amitié se resserrassent par quelque alliance. Mais on avait bien le temps de voir venir. Son père écouta la sagesse de son rejeton et conclut que son fils était bien plus sage que Sordet, et que la théorie des feux de paille était la seule vraie et certaine. Et comme il était bon, il bourra Sordet d'excursions longues et fatigantes pour lui modifier les idées, et se plut à lui déverser souvent à mots couverts, très couverts, les trésors de sa vieille jugeotte et de sa calme expérience. Et Sordet! il vivait dans du rêve; le temps où la présence de Marianne ne le comblait pas de joie, il le passait à se figurer du bonheur. Il sautait les années. Il se voyait, un soir d'octobre, poussant la porte du jardin, ouvrant la porte de la maison, déposant son fusil et son carnier et s'asseyant auprès de Marianne souriante et se baignant en ses yeux. Ils allaient tous deux le long de la lente rivière, ou couraient sur la colline, parmi les parfums lourds des vendanges. Enlacés ils seraient leur rêve de miroir. Quand ses pas sonneraient sur la route, une fenêtre s'ouvrirait d'où son joyeux accueil, et, des jours, ils regarderaient ensemble des chefs-d'œuvre dans les grands musées attirants comme l'inconnu. Il comparerait au sien victorieux les grands rêves plastiques de beauté. Et Marianne serait encore plus charmante. Heureuse et certaine, elle n'aurait plus ce léger voile non même pas de mélancolie, mais de tendre appréhension qu'elle gardait, enfant un peu physiquement triste; elle serait plus gaie, plus parfaite et toujours aussi jeune; le rêve de Sordet voulait les grands dialogues de la passion et les minuties de la vie. Quant à Marianne, elle aimait, et cela lui suffisait, avec sa tête et avec son cœur, et l'espérance en elle fleurissait, étayée et fortifiée par tout le romanesque et par toute la candeur.

IV

L'homme a-t-il dès sa jeunesse, dès ses dix-huit ans, et d'un coup, une vision courte de sa vie ? a t-il obscurément l'intuition, et au premier choc, la révélation de ce qu'il devrait être ? Ses chimères sont-elles son meilleur avenir, fixé devant lui comme un miraculeux avertissement, et alors on devrait écouter de près son rêve, l'aider à le formuler, à l'accomplir; ou bien les papillons du désir et de la vie voltigent-ils seulement sur les broussailles d'une terre en friche, et doit-on les suivre des yeux pour récolter, d'après leur vol, des indications précieuses et les réaliser plus tard, ajournant les jeunes désirs et leur fermant la porte d'airain du réel? Doit-on les conduire par la main entre deux murailles qui sont deux volontés, jusqu'à ce qu'après de nombreuses désillusions, et dès leur retour des pays magnifiques d'illusions, on puisse à leurs yeux désabusés faire briller un reflet de leur rêve ancien et leur dire : « Voici ton Eden ; voici ta maison, ta force, ta vie, ta famille et ton devoir. »

Les Sordet penchaient certainement pour la dernière de ces théories, car lorsque leur enfançon revint homme du court voyage pour lequel il était parti enfant, et laissa percer un peu de son amour, ce fut une commotion plus violente que si le feu eût pris à la cuisine. On expliqua à Albert sa chimère, on lui notifia la sagesse, on lui déploya les convenances ; et que put faire Albert Sordet? Mᵐᵉ Sordet saisissait moralement sa progéniture avec des gestes de sarigue. Quant à M. Sordet, il hésita. Il se trouva positivement sur le point de donner à son fils de mauvais conseils, et lui apprendre, puisque le malheur l'empêtrait d'un être aussi sentimental, comment on prélude aux solides liens de l'existence et à la vie sérieuse.

L'amitié de jeunesse est-elle solide à toute épreuve ? Peut-être que non, puisqu'elle se lézarda entre Sordet et Petit-Blan. Ce dernier ne se sentait plus aussi à son aise chez les Sordet. Il sentait dans la famille une secrète répulsion ; n'avait-il pas failli être cause ?... cela serait-il arrivé sans ce maudit voyage ?... et c'était bien sa faute apparemment si, tandis qu'il piochait silencieusement et solitairement ses Pandectes, son ami Albert rêvait en quelque brasserie, crispé et sombre, aux différences de la vie rêvée et de la vie courante ; il y rêvait si tard que cela inquiétait fort les Sordet. Et Francis en soupçonna quelque chose et en voulut à son ami... Il aurait dû expliquer, que diable ! Au fond, Albert Sordet, dès les premiers mots, n'avait plus cherché à expliquer. Et puis pour tous deux la vie se faisait si différente : Sordet déployait en sa jeunesse trouble, avec la fermentation énorme de sa recherche de soi-même, tous les défauts cassants de l'intransigeance créatrice. Petit-Blan s'ossifiait un peu en prévision de ses succès futurs de légiste. Sordet écrivait et c'était médiocre, fumeux, avec toutes les sautes d'humeur, les caprices de plume, les variations d'influences qui changent en si peu de temps les débutants à leur aurore. Petit-Blan, de plus en plus dilettante, accueillait toutes les beautés de l'art à mesure qu'elles se produisaient, mais attendait, pour manifester à Sordet une admiration sans bornes, qu'il eût triomphé de quelques inexpériences. D'où un refroidissement entre eux. Ils ne se comprenaient plus, s'aimaient moins, étaient encore des amis, mais non plus inséparables.

Et la fidélité est-elle toujours la vassale

et la gardienne de l'amour? et la première tendresse est-elle toujours victorieuse au cœur des jeunes hommes et des jeunes femmes? Une vive douleur ne se consume-t-elle pas plus vite qu'une douleur moins vive, passionnellement s'entend? Le temps n'est-il point le vainqueur des promesses, et ses mains grises ne démêlent-elles pas les mains unies? Et c'est autre chose l'amour et la vie, sans doute, puisque Sordet apprit, il est vrai, au bout de deux ans, les fiançailles de Marianne, peut-être en même temps que Marianne apprit de certain indiscret un amour nouveau de Sordet. Il leur resta de leur idylle un souvenir très parfumé, très beau, et peut-être parfois un peu douloureux. Il y eut, pour chacun, un coin de leur jardin qu'ils évitèrent, et le même coucher de soleil, ou le semblable pli d'une rivière, leur rappelèrent-ils, à des instants semblables, d'anciens moments et de vieilles paroles. Et quelques tendres billets peut-être leur demeurèrent-ils quelques mois ? Qui les brûla le premier, ou la première ? Qui se découragea le premier, ou la première ? Leur baiser passa sur leur vie comme une belle aurore, et le labeur du jour commença avec ses cris multiples et ses pressantes besognes.

V

A Saint-Govéant la petite gare tremble sans cesse du grondement des grands express qui passent et ne s'arrêtent pas. De la gare des marches descendent vers la ville, puis des ruettes presque campagnardes espacent des portes à claire-voie et de petites guinguettes. Enfin une allée de beaux platanes, et c'est la ville toute coupée par un long et mélancolique terre-plein que l'on appelle la Promenade et qui est aussi le marché aux fleurs, le point spécial où brillent les vitrines de quelques magasins; on y voit la porte presque toujours close d'un petit théâtre; là brillent les vitrages de l'atelier du photographe, et les tables de marbre d'un café s'ennuient auprès de leurs banquettes rouges, désolées. Des ruelles caillouteuses s'enlacent, descendent vers la rivière, avec d'oisives curieuses à la fenêtre, dont peut-être toutes les heures un passant distrait le mélancolique travail de couture ; une grande place où les archéologues admirent nn vieux corps de garde, et les hommes de progrès une sorte de Belle Jardinière locale. Des hôtels jouent de leurs murs blancs, de leurs lettres d'or, veulent inspirer la considération qui sied à des hôtels de bonne bourgeoisie ; mais par la porte cochère les charrettes aperçues, brancards en l'air, dénotent que la salle voit plus de beuveries paysannes que de collations de touristes ; et puis des jardins, des bicoques, des cabarets se précipitent en désordre vers la Solize, et son large pont à fortes piles qui mène au faubourg des fabriques.

Tous les jours le médecin, M. Moreau, franchit le pont à fortes piles dès la première heure matinale. Il entre dans les taudis, dans les chambres trop peuplées ; on écarte les chaises, il enjambe des matelas étendus pour arriver au fond de la pièce au meilleur lit, là où repose le malade ; il va vite et bref. Il repasse le pont et sonne aux maisons cossues. Les malades dans les draps blancs, la chambre déjà aérée, quelque luxe autour de leur souffrance l'attendent. Il débute par des généralités sur le temps, l'hygiène de la maisonnée, palpe, tâte, examine, rédige et termine par une raisonnable contribution à la chronique privée. Chez l'usinier il participe aux doléances ; chez le banquier, il semble économiser les minutes, politesse au chiffreur qui doit être absorbé et sillonné par mille affaires comme la Hollande par ses canaux, avec ordre et opulence ; plus familier en retraversant les magasins, un : « Et ça va les affaires ? » souligne après la rédaction d'une ordonnance que les choses sérieuses sont finies.

Voici l'heure de son déjeuner. Mme Férandine Moreau est prête, habillée, a tout surveillé, et elle écoute, indolente, tomber épi par épi la gerbe d'anecdotes que M. Moreau a glanée ce matin-là. Le café pris, elle se retire dans ses appartements; elle vaque à de menus travaux. Et c'est l'heure de la consultation de M. Moreau : quelques enfants qu'on lui amène, quelques inquiétudes à calmer, des paysans sont venus en carriole avec quelque pâle fillette. Et puis il faut atteler ; le cabriolet de M. Moreau va se perdre à l'horizon plan au détour de la route pavée, vers les villages, et Mme Férandine Moreau, livrée à elle-même jusqu'au repas du soir, reçoit des visites, en rend, caquette, recaquette, et le soir elle entendra la gerbe de nouvelles retomber épi par épi ; seulement celles-là viennent des champs et des fermes. Et elle lira quelque roman pendant que son mari somnole sur un journal.

Au matin, dès que la grosse servante a ouvert la porte cochère, un jeune homme très modestement vêtu et un gamin, espiègle de la casquette à visière torse jusqu'aux brodequins trop larges, entrent dans la cour où un grand lilas et un acacia alternent ombre et fleurs ; un vieux monsieur de mine prudente vient, ouvre la porte au-dessus de laquelle brillent les panonceaux : celui-ci est le principal, ceux-là sont le clerc et le saute-ruisseau de M⁰ Mercet, notaire. Et d'ouvrir des tiroirs, de passer les manches de lustrine, d'essayer des plumes, et déjà le principal fait tête à des visiteurs durant que, sous la direction du clerc, le saute-ruisseau colle aux murs de l'étude les nouvelles affiches. Et c'est l'heure où un coup de timbre annonce au principal qu'il peut introduire le premier client arrivé auprès de M⁰ Mercet, baigné de vert, de molleton vert, de molesquine verte, de casiers verts, dans les murs verts rayés de soie verte. Et ses trente ans un peu las, son crâne légèrement dégarni, sa face bonasse avec des yeux d'astuce paraissent entièrement absorbés par le monsieur auquel il se prête, jusqu'à ce que, étendant machinalement les mains comme en un raidissement, souriant, les yeux clairs et décisifs, il apparaisse le conseiller toujours écouté et autoritaire, le jeune Ulysse du bien-fonds, du testament et du contrat ; courbettes, saluts, compliments, et l'homme auditif reparaît pour de nouveau laisser voir le Mentor, et cela jusqu'à midi. Mme Marianne Mercet attend son mari ; on a placé à table l'enfant qui joue aux boules avec tous les objets déplaçables à portée de ses menottes. M. Mercet s'assied comme cuirassé de secrets professionnels. Il ne se livre point, il n'ouvre la poterne vers l'air libre qu'à des considérations sans importance. Il hume son café, très longuement, avec des compétences spéciales d'homme qui a beaucoup veillé, donnant ses nuits à ses dossiers. Et l'on attelle le cabriolet. Il fuit vers les champs, vers les fermes, vers les biensfonds, vers les hypothèques. Il renifle la terre comme les paysans, il sonde la solive d'un regard centenaire d'expérience. La plaine est pour lui un damier fiché d'étiquettes avec des noms connus. Il s'attarde chez les propriétaires auprès de la bouteille de vin vieux extraite pour lui des celliers, et la main sur la barrière il demeure encore, revoyant ses plans d'un coup d'œil, mentalement, concluant, épiloguant, terminant, et puis reprend les rênes l'air vif et détaché.

Pendant ce temps Mme Marianne Mercet, après avoir paré l'enfant qu'on va promener jusqu'à la gare, à la promenade, s'en va lente vers le piano, et déplie la musique envoyée de Paris ou recherche un des vieux cahiers, et les doigts courent, caressent, babillent, grondent aux basses, fusent des trilles, et puis la voix s'élève, pure et jolie,

d'abord comme un fredonnement pour soi-
même, et puis se donne, s'infléchit et se
reprend, et résonne toute lancée, comme vers
l'inconnu. C'est l'oiseau qui volette, hésitant,
parmi les bois d'automne aux branches désolées, s'arrête à la source vive et chante,
et puis part à tire-d'aile vers les portes du
Sud, portes dorées des vergers intarissables.
C'est la chanson de route du piéton qui las
du sentier, du chemin et de sa haie de maisons rustiques, entrevoit du plateau, dans
l'horizon vaste comme celui des mers, briller
sous le soleil les tours de la grande ville,
et chante plus fort d'espoir et d'impatience.
C'est la modulation du rire épanoui de la
recluse, un jour qu'elle a pu toucher les
pâquerettes du chemin et qu'elle court aux
larges marguerites des prés et vers la libel-
lule fuyante et vers le grand rosier de là-
bas. C'est, sur les vagues paroles de la musique indécise, un grand bruissement des
sentiments ténus qui ont couru tout le long

des parois de l'âme pour y chercher des ailes accrochées et s'élancent à la découverte, et dépassent la taupinière, et rôdent vers le nuage qui ressemble à une montagne et vers la rivière qui s'en va vers le fleuve ; ce sont des moulins chantants et des cités de pierre, et des parcs d'amour, et des chambrettes parfumées, et l'allance adorée près d'un ami dans les foules, l'obscur amour, le grand cri triomphant du jeune baiser capté entre deux bouches. C'est vers tout l'infini que s'élance cette voix, vers l'infini qui est pour elle indéfini. Et parfois le soleil blanc réchauffe le lilas et l'acacia, dont une branche, sous un vent doux, vient fouetter lentement la fenêtre du salon, et dans l'étude les clercs ensoleillés rêvent une minute, un passant va moins vite et la voix de Marianne, dans l'air désert de la petite ville, répand des roses.

Dans cette vie sèche, ces musiques, c'est comme des vases pleins d'eau pure à sa portée, et son âme y jette d'un doigt attentif et ému une goutte d'essence, et l'eau pure s'opalise : ce n'est plus la transparence du miroir et sa face synthétisée ; c'est dans les aurores vagues et la fusion des perles une autre elle-même qui se lève, et les bords de ses paysages frissonnent, tremblent et parfois défaillent. Il y a des lieds qui ont dit la vérité et toutes les couleurs spécieuses de ses écharpes. Il y a des romances sans paroles auxquelles s'adaptent les nerfs tendus de l'attente. Il y a des danses brutales et passionnées qui font rougir, et pourtant comme on les danserait devant lui, qui lui ? un autre que cet homme de cette petite ville. Il est des danses timides et souriantes, des gavottes et des menuets qu'on lui danserait en souriant, en se refusant, pour se mieux donner ; il est tant de danses et de caresses dans ces phrases de passionnés, dans ces phrases qu'ont léguées tant d'amoureux à ceux dont le cœur aura la couleur du leur, aux amoureuses qui agiteront des pieds chaussés de fines mules selon la cadence de leurs amoureux, et tant de pluies de notes joyeuses, et tant de pluies de notes inactives, malgré leur mobilité tombant comme les martelets d'une forge de fée, pour distraire, un instant, pour distraire. A lire un roman, on se compare et on souffre ; à lire des vers, on se plaît, mais l'être physique n'est point assez activement provoqué, et ne vit pas avec le livre ; la musique prend la main comme celui qui aimerait, exige qu'on lui parle, et elle répond. Et c'est elle qui lui permet, à Mme Marianne Mercet, lorsque M. Mercet dilettante et qui aime à lire son journal parmi les sonorités, lui demande un peu de musique, de lui crier de toutes les forces, de toutes les ressources, de toutes les nuances de son être : « J'en aime un autre » et quel autre? celui qui passera pourvu d'un peu de beauté ou d'un peu de génie. C'est la musique qui lui dit tous les jours : « Oh ! qui débarrassera mon âme de ton corps ! » et comme quoique bête il s'apeure des accords frissonnants, timidement il s'approche et sollicite entendre une valse ou des memento d'opérette.

Mme Thouveneau, la veuve du prédécesseur de Mercet, une vieille dame à qui la petite ville s'accorde à décerner la grâce d'une vieille marquise de l'ancien régime, une aimable vieille qui, toute sa vie, eut mal à la tendresse, parce que feu Thouveneau était un bon vivant, dans le genre de Mercet, a deviné en elle une émule, une sympathique, et que la vie de Marianne s'étiolerait comme la sienne. Elle prête à Marianne des musiques nouvelles qu'elle se procure pour elle, et des livres ; mais elle ne sait pas ce qui plairait à sa jeune amie, et celle-ci aussi est si peu renseignée. Il faudrait avoir des revues, d'autres journaux, mais Mercet est inabonnable, pas avare mais dédaigneux de cela ; ce serait de la fâcheuse dissipation, un accroc à des habitudes sacrées. En rusant, on obtient qu'il dépense un port de lettre pour demander un numéro spécimen ; et que faire des drôleries qu'il rapporte, bien pour lui, lors de ses retours de Paris. Évidemment il doit y avoir à Paris autre chose que ces nouveautés vieillottes recommandées par des critiques graves. Mais comment savoir? N'importe ! un jour !... En attendant, quelque musique franchit la muraille de Chine. La ville n'aime pas beaucoup le jeu, ni la voix, ni le répertoire de Mme Mercet ; on préfère, à son jeu ardent, la correcte exécution de Mme Moreau et les aimables carillonnages qu'elle choisit. Mais Marianne n'en a guère cure ; elle perfectionne sa maîtrise autodidacte, elle travaille comme une artiste ; peut-être un jour... Pouvoir elle-même moduler sa propre fièvre, concevoir et traduire, et dignement ; être admise parmi le cercle des esprits, des artistes, dans la grande ville au mirage de liberté, là-bas, là-bas, partir par l'express et oublier ; mais voici le petit garçon et ses menottes solides, voici le piquet où la chèvre est attachée, et elle sourit à l'innocent. Décidément c'est pour toute la vie, avec cette seule consolation de l'enfant, et ce sera peut-être aussi un fonctionnaire, une pendule de petite ville. Et Mme Thouveneau, à la fin de l'après-midi installée près de Marianne, lui conte, à perte de vue, le passé gris des ruettes grises, les histoires analogues, et la fanure des chimères, et l'horloge grignotte le temps, et la vieille dame fatiguée parle plus bas, baisse comme une lampe ; voici le crépuscule sourd, angoissant, grisâtre, et un cabriolet entre dans la cour. Dans cinq minutes, M. Mercet, synthétique, sera là souriant.

Si Mme Thouveneau déclare Marianne la plus jolie et la meilleure personne de la ville, non pas jolie mais belle, non pas aimable mais toute charmante, Mme Delagarde, la femme de l'usinier, met Férandine bien au-dessus d'elle, et ses gaietés franches sont plus amusantes, qu'intéressantes les mélancolies guindées de Marianne. Et c'est l'avis de Mme Delattre qui est aimée de la pharmacie, de Mme Tintouin qui donna ses enfants au grand drapier, de Mme Bureau qui reçoit tout de Paris, et de toutes les autres dames. Si ces deux dames n'étaient rien l'une à l'autre, on ne les discuterait point, elles n'occuperaient pas le tapis ; mais elles sont sœurs, on les compare. Ah ! que Férandine est plus agréable. Et pourtant est-elle heureuse ? pas tout à fait ; elle souffre, en ses délicatesses, des odeurs de phénol et d'iodoforme que traîne après lui M. Moreau. Elle espère bien qu'elle le décidera à se faire un jour suppléer, et elle passerait alors six mois pleins à Paris, dans le Paris de la société, des bals, des magasins, des petits théâtres. Fâcheuse gêne, fâcheuse médiocrité de fortune qui la réduit à briller au médiocre Saint-Govéant. Ah ! mieux vaut être la centième à Rome que la première en un trou perdu. Et les gazettes mondaines, et les journaux de modes s'accumulent sur le guéridon de Férandine. Mais sont-ce bien là de vraies nouvelles de Paris ?

C'est la dernière fois qu'elles vont en avoir de réelles, de vraies, de ressenties, de détaillées par leur cousin Francis Petit-Blan, non point que doivent s'interrompre de la vie ses billets de jour de l'an et d'anniversaire avec poignées de main à Mercet et Moreau, et Petit-Blan viendra toujours une fois l'an à Saint-Govéant, au cours de sa régulière tournée de famille, qu'il considère comme revivifiante et rafraîchissante, un plaisir en même temps qu'un devoir. Mais Petit-Blan a terminé ses années d'apprentissage, c'est de Lectoure et de Sancerre où le fixeront ses fonctions de substitut qu'il viendra leur apporter ses précieuses généralisations du mouvement intellectuel. Petit-Blan a terminé l'étude aride, il va en cueillir les fruits ; arbuste déplanté de province, il va grandir arbre, en province. Il a perfectionné sa ressemblance avec Royer-Collard ; il a appris les Pandectes, et s'est formé à l'entente de la vie. Petit-Blan va fermer son petit home qui avait fenêtre sur le Luxembourg, il met un point aux plaisirs faciles, en supprime dans ses phrases que ses titres nouveaux lui permettent de filer maintenant plus amples et plus nourrissantes, plus fleuries et plus substantielles. Petit-Blan mêlera désormais aux fleurs de sa jeune rhétorique les graves assertions. Petit-Blan, s'il a de la sagacité et de l'imprévu dans l'esprit, y a également aménagé du poids. Petit-Blan se mariera. Il aura une maison de province, blanche et calme, un peu comme celle de Mercet, dont il admire l'habileté à créer autour de lui le confort. Petit-Blan aura une table modeste mais bonne; il améliorera ses vins par les bons soins et la patience en une cave bien sèche. Petit-Blan est décidé à faire son métier; le métier est ce qu'on en fait; bien rempli il est la tenue, la ligne. Petit-Blan est professionnel; il est étanche contre l'art débordant et le dérèglement des passions. Il a classé ses hydres en quelques curieux cahiers qu'il ferme et qu'il ne rouvrira que lorsqu'il sera vieux. Petit-Blan va se choisir une compagne, avec un peu de fortune cela s'entend; il la voudrait jolie comme Férandine, ou comme Marianne, mais un peu plus intellectuelle que Férandine, et surtout pas chimérique, rêveuse et malcontente comme Marianne. Il veut une jolie femme qui soit un peu musicienne et bonne femme de ménage, à qui il puisse parler et qui surveille cet intérieur clos, où enfin tranquille, casé, placé, situé, soigné, il pourra commencer les deux ouvrages qui seront sa vie d'amateur à côté de ses tra vaux nécessaires : son étude sur l'expression articulée dans le langage musical, et son histoire critique des grands musiciens. Petit-Blan sera un juge et sera un musicien, non un frivole exécutant ; il sera un philosophe de la musique, comme il sera un légiste pensant. L'indulgence émue qui le distinguait autrefois s'est encore accrue ; il sera doux au faible, mais résolu défenseur de l'ordre. Le péché, le délit particulier doit être le plus doucement possible réprimandé et puni ; mais il faut être de fer contre les grèves et le mouvement montant de la fausse liberté. Petit-Blan attendait avec impatience quelque cause qui lui permît d'analyser à grands traits son époque. Il avait relu tous les philosophes, tous les économistes, et avait pris des leçons de diction ; musicalement il fredonnait comme en sa jeunesse, seulement il fredonnait beaucoup plus de choses, et après le thème et le chant, il savait fredonner les parties d'orchestre de ses partitions préférées.

VI

— Je voudrais bien, dit M. Moreau à Mme Férandine Moreau, puisque nous allons tous dîner ce soir chez Mme Tintouin et qu'il y aura là, outre notre cousin Petit-Blan, tout ce qu'il y a d'honorable et de considérable dans la ville, qu'il y ait entre toi et ta sœur une réconciliation franche et cordiale, sans discours s'entend, une poignée de main cordiale ; un baiser de sœur, en entrant, suffira. Vous n'avez rien de sérieux entre vous.

— Mais, mon ami, je ne suis nullement mal avec ma sœur ; cela vous plaît à dire, pour pouvoir penser, en votre for intérieur, que je suis une petite inconséquente, que je blesserais tout le monde pour placer un bon mot, et que vous êtes bien malin de maintenir entre nous deux cette atmosphère toujours égale.

— Pardon, pardon, tu envoies souvent à ta sœur des pointes, peut-être inoffensives, mais je la crois très sensible à cela. Elle est mélancolique, et quoique Mercet soit charmant...

— Oh! il n'est pas si gentil que toi.

— C'est ce que je pense. Mercet est un peu professoral, un peu explicatif et, le dirai-je, filandreux; mais cela n'a rien de sérieux. Veux-tu me faire plaisir, sois très gentille avec ta sœur.

— Ah bien! je te le promets; si elle est froide d'abord avec moi, je ne m'en froisserai point, et à la fin de la soirée nous nous quitterons bonnes amies, ou cela ne sera pas de ma faute.

A peu près à la même heure M. Mercet disait à Mme Marianne Mercet :

— Chère amie, il est important (et tu le penseras comme moi) qu'à ce dîner de ce soir, où en dehors de ton cousin Petit-Blan, et en surplus, Mme Tintouin a invité nos meilleurs amis et les témoins naturels de notre existence, nos pairs, que tu oublies les légers nuages qui parfois obscurcissent la bonne entente qui règne au fond, je le sais et ne puis, comme mes amis, me tromper à de légers signes, trop consciencieusement scrutés, entre ta sœur et toi. Férandine est, malgré son étourderie, une bonne personne ; elle est ta cadette, cède-lui un peu. Moreau et moi sommes de bons amis, il est parfait dès que notre enfant est souffrant. Soyez bonnes sœurs, je t'en prie.

— Ah ! mon ami, dit sa femme, je ne suis point mal avec Férandine ; elle me harcèle un peu, voilà tout. S'il te plaît que je n'y fasse point attention, c'est chose faite.

Et les deux ménages se rencontrèrent

parmi tout le Saint-Govéant dans les plus parfaites dispositions.

Autour de la nappe blanche, parmi le cristal et l'argent, et les fleurs du surtout, vers la face lunaire de Mme Tintouin, le fin profil de Mme Thouveneau, l'aigre carrure de Mme Delattre, l'élégance très stylisée de Mme Bureau ; vers la joliesse de ses cousines, vers les favoris anglais de M. Tintouin, le réglisse fatigué de la face de M. Moreau, la calvitie pensante de M. Mercet, et l'air matois de M. Delattre, Francis Petit-Blan préconise. Le chœur des hommes se désole avec lui de l'immoralité des grands centres, tonne contre le libre-échange, s'empesant de gravité pour dire la louange du Président, et sa modestie, et son tact ; le chœur des hommes censure la production contemporaine et Petit-Blan l'entraîne d'une voix un peu aiguë. Le chœur des femmes l'encourage dans ses descriptions de la vie libre et facile, des aises que possèdent en la grande ville les gens éclairés, et les proximités, et le boulevard prêt à tout désir avec ses théâtres et ses magasins. Mais enlevé par Petit-Blan, le chœur des hommes dit le fond profond des provinces, la fabrique d'hommes supérieurs, la vie politique apprise avec sérieux et facilité dans les villes de province ; la force amassée, gardée de l'alcool et de la débauche, et le bas de laine. Et puis reviennent les toilettes, les bibelots, les gracieusetés qu'effeuille Paris. On dînait avec l'impression qu'on était tous des gens très sages, dînant avec des femmes très garanties par cette sagesse. M. Tintouin crut pouvoir lancer quelques innocentes gaillardises. On n'y prit pas garde, c'étaient distractions cossues, et l'on suivit Petit-Blan dans les grands traits dont il marquait les avenirs; et dans l'heureuse digestion Petit-Blan, qui ne fumait jamais, laissa les hommes courir vers les fumoirs et fut le pilier entouré d'un cercle de dames attentives. Dès ce moment il ne pérora plus, il attendait les questions et répondait avec grâce, avec empressement. Les deux sœurs, éloignées à table, et très gracieuses vis à vis l'une de l'autre, s'étaient réunies, et à côté l'une de l'autre. en parlant, se souriaient comme deux bonnes jeunes filles qui sont tout l'une pour l'autre.

Tout à coup, Férandine...

— A propos, Francis, tu ne nous reparles jamais de ton ami Sordet ; vous êtes brouillés ?

— Mais oui, dit Petit-Blan.

— Et, sans indiscrétion, pourquoi ?

— Nos chemins sont devenus si différents ; ces affections de jeunesse ne durent que si pareille carrière, ou semblables goûts...

— Il a fait des livres, dit Marianne un peu pâle ; des vers, je crois ?

— Oui, des vers, de la prose, des romans, du théâtre, etc.

— Il y avait un bon éreintement (c'est comme cela qu'on dit), un bon éreintement de lui dans le *Temps* de ce matin.

— Dans le *Temps* et ailleurs, reprit Francis. Sordet était intelligent, vif, beaucoup d'imagination. Mais il s'est cru maître à l'âge où l'on apprend à lire ; de mauvais vers, des romans brutaux ; des articles où il abîme les œuvres sérieuses, se prend d'exaltation folle pour des clowns, des écuyères, que sais-je ? Et puis, une vie déplorable, s'affichant avec des comédiennes, et des moindres..., j'ai préféré rompre. Il n'était pas de ma tenue.

— Vous vous êtes fâchés ?

— Non, j'ai espacé... Et puis il ne pense plus à moi : un cœur sec, frivole, inconstant, sous les apparences d'une sensibilité débordante. Il ne pense guère à moi dans les bars où il s'abrutit ; j'ai fait le possible, donné des conseils de prudence, d'hygiène : à l'impossible nul n'est tenu.

— Mais pourquoi, dit Marianne, cet article du *Temps ?*

— Oh ! une malheureuse piècette qu'il a fait jouer, un bâillement. Toute la presse, la presse raisonnable, se rit de lui ; il est fichu, pardon : il est perdu.

Marianne était devenue plus pâle. Sordet et Paris, cela parfois se confondait dans ses rêves. En un coin de la grande ville Sordet était là, qui l'avait tant aimée. Elle viendrait, il la reconnaîtrait, il l'adorerait, elle l'étudierait. Mais était-ce vrai, ou Petit-Blan ne mentait-il pas, ces sales mœurs de cabaret et de femmes vulgaires ? probablement vrai, et comment le rencontrerait-elle, comment lui parlerait-elle, s'il était sans cesse acoquiné. Entrer dans des histoires... alors, et la vie de Paris pâlissait, et toute la grande ville s'embrumait, se reculait, lui devenait inabordable, caravansérail banal, lieu de passage. Elle était bien sotte d'étudier les sommaires des publications pour y chercher son nom : c'était un pauvre auteur et sifflé, un bohême ; cela n'eût rien fait encore, mais n'avait-elle pas tort quand parfois, au détour d'une mélodie connue, elle revoyait sa face? Sans doute son image à elle ne vivait plus en lui. Pourtant c'est bien terrible, et bien lourd, et bien étouffant, cette province!

En s'en retournant M. Mercet lui fit compliment :

— C'est très bien, très bien ; tu as été parfaite avec Férandine.

— Tu trouves ?

— Oui, et d'ailleurs elle aussi avec toi, n'est-ce pas? et toutes ces petites brouilles sont finies. Qu'est-ce que c'est que ce M. Sordet dont on parlait ?

— C'était un ami de Francis, un poète ; je l'ai vu il y a huit ou neuf ans.

— Oui, j'ai vu son nom, avec des commentaires peu obligeants ; pourquoi en parlait-on ?

— C'est Férandine ; cela lui a passé par la tête.

Ils rentrèrent. Marianne lasse regarda son piano muet, fermé ; elle alla voir le berceau de son enfant. Elle prit un livre, et machinalement, rêveuse se tint un instant droite au milieu de la pièce, et puis feuilleta, négligente.

— Oh ! tu ne vas pas lire, ce soir, lui dit tout auprès d'elle M. Mercet, galant.

LES COUPS DE PIED
DANS LE DERRIÈRE

Le premier coup de pied dans le derrière dont Tom Setier eut gardé la mémoire, lui fut octroyé par M. Arsène Setier, son père légitime, qui le surprenait l'œil collé aux volets mal clos d'une maison un peu faisandée, boulevard de la Chapelle. Tom, âgé de sept ans environ, sentit plus vivement la douleur que l'outrage, et revint penaud à petites enjambées auprès des pas de géant de M. Arsène Setier, tout occupé de lui tirer son horoscope, et activant sa marche à mesure qu'il s'emballait devant les radieuses perspectives.

— Paresseux et débauché comme je te connais, ivrogne et joueur comme je te devine, tu es le souci à dent unique de ma maturité; tu seras la honte de mon été de la Saint-Martin, et l'opprobre de ma vieillesse. Ne pleure pas, c'est surajouter la juste flétrissure de la mollesse à celle que te valent tes instincts d'égoutier. Il est, au surplus, oiseux d'ameuter les passants. Veux-tu te taire? tiens!

Et une seconde fois la botte paternelle cessa de fouler le licite trottoir pour s'égarer à peu près au centre de Tom Setier.

— Ce qu'a fait ton fils? Voilà...

Mme Anphime Setier, née Jambière, pâlit et infligea à son rejeton l'épithète d'âne rouge, épithète et comparaison peu flatteuse, mise de plain-pied avec un animal peu connu, mais dont le folk lore de nos provinces a gardé quelques traces, et qu'on retrouve encore sur les lèvres bougonneuses de quelques vieilles dans les petites villes ; Tom conclut, en son âme à peine encore claire des feux de l'aurore, à la modernité, l'américanisme, la suppression de poids mort, l'élégance démonstrative de son père, et lui voua dès lors une admiration jusque-là hésitante entre ses deux générateurs.

— Je te laisse l'enfant indigne, ajouta sévèrement M. Setier.

Et il partit pour aller prendre son absinthe en l'érudite compagnie de quelques personnes chargées, comme lui, de classer des notions dans la caboche d'une centaine de sans-culottes, jeunes familiers de l'école de la rue des Saules, vulgo, comme lui, instituteurs.

Le second coup de pied, qui prit pour Tom Setier l'importance d'une démonstration, dut cette valeur à avoir été transmis officiellement. Le jeune Tom Setier sortait de l'école par un joli temps sec et vivace ; il advint que précisément à l'endroit où serpentait, parmi les cailloux et peut-être un ou deux brins d'herbe, un petit ruisseau, Tom abandonna un instant quelques volumes et cahiers, soit ses sources vénérables et le meilleur de sa personnalité, qui furent donc en un instant mouillés et maculés. Et Tom se baissa au niveau de son malheur ; il mit rapidement genou en terre, ou plutôt en eau, ce que perçut M. Setier qui, rapide comme la pierre d'une fronde, le remit debout en un instant, le soulevant, pour ainsi dire, de l'extrémité vernie de sa personne. La vingtaine de jeunes gens, émules de Tom Setier, qui s'égaillaient joyeusement, la journée bien remplie, vers le farniente et la nourriture, se trouvait-elle en disposition très hilare ; ou, Tom fut-il vraiment digne et représentatif ? Mais on loua presque autant sa calme attitude que la prestesse expéditive du maître. Oui, sans doute, Tom fut vraiment fort bien, car ses condisciples tentèrent fréquemment de le revoir aussi majestueux, et par le moyen le plus simple, qui était de le situer en identiques circonstances, et de répéter le geste.

Mais ceci ne fut pas du goût de M. Arsène Setier, qui prétendait en cette affaire à un véritable monopole. Il fit comprendre à son nourrisson que l'offrande paternelle constituait, sinon un diplôme efficace, au moins un viatique excellent; mais que, distribuée par des pieds étrangers, et c'est fort possible, mal chaussés, galoches ou brodequins vulgaires, elle prenait l'aspect d'un sévice. Et Tom en conçut du respect pour l'acte paternel dont il était parfois l'aboutissement, il le vit grave, sérieux, ne déplora point, au contraire, qu'il fût un peu théâtral, et l'associa dans sa pensée aux divers phénomènes de solennité, comme distributions de prix ou défilés scolaires.

Ce qui varia ce point de vue, ce fut que l'influence de M. Setier, excellente pour défendre le mitan de sa progéniture, soit en son foyer, soit en son école, soit dans leurs dialogues arcadiens le long des promenades dominicales, échoua à le garer en toutes circonstances. Il y eut peut-être conjuration ; sans doute les jeunes hommes de la rue des Saules prévinrent-ils d'autres jeunes hommes qui échappaient à l'hégémonie de M. Setier ; le fait est que Tom eut maintes occasions de souffrir avec un beau stoïcisme, presque souriant.

Une fois M. Setier refusa même d'intervenir, et loua la démarche d'un garçon épicier qui avait atteint d'un coup droit la fuite de Tom, la main pleine encore de pruneaux dérobés à l'étalage. Ce qui fit que, pour Tom Setier, le coup de pied prit une importance morale, et qu'il admit que si la nature semblait en réserver le droit global à son père, la société, en revanche, pouvait le morceler et le déléguer.

Pour éveiller les goûts artistiques de Tom,

on le conduisit d'abord au cirque. Le jeune homme perçut bientôt quels rires sonores, jubilants, heureux, quelle plénitude d'aise apporte un coup de pied habilement lancé par un clown à un autre clown. Il le préféra à toutes les autres nazardes utilisées dans la circonstance, et c'est de bien bon cœur que ses mains battaient et qu'il trépignait ravi lorsque Chocolat récoltait, son ordinaire ration. Et il s'éleva à cette idée, que le coup de pied juste était aussi bienfaisant. La société en faisait, car toute chose a deux aspects, un élément de joie, et il le retrouva pleinement employé dans les revues de fin d'année et dans les farces et vaudevilles. Il se rendit compte qu'il y avait là un solide et traditionnel élément de comique, non seulement national, mais encore universel, pratiqué, par les clowns français, par les clowns américains, et même par des comédiens assez choyés pour porter le ruban violet, ambition de M. Setier père.

Celui-ci ne se lassait pas de pousser son fils, à son insu peut-être, en cette voie. M. Setier, pour se garder sans doute les mains nettes, ne s'adressait, réprimandait et punissait Tom que par ce truchement. Comme ses colères n'étaient pas toutes très violentes, il en arrivait à les moduler. Il parut à Tom que quelques-unes de ces pédestres manifestations n'étaient point sans contenir quelque tendresse. Quelques-unes avaient de brusques réticences comme le sourire involontaire qui se mêle à certaines gronderies en des cas véniels. Tom apprit à distinguer, et à classer. M. Setier, comme toutes les personnes d'occupation sédentaire, aimait à s'étirer, aux heures libres ; comme toutes les personnes à principe, il aimait répéter le même geste, et cela confinait à la manie. Tom eut donc de nombreuses occasions de déchiffrement et d'enquête. Il en vint à jouer parfaitement de la psychologie de la chose.

Quoi d'étonnant que Tom Setier ait aimé le théâtre à la passion, et qu'il n'ait rien conçu de plus beau que de paraître, le soir, plus beau et plus intelligent, utilisé en tout son être et plastique et moral, pour la récréation des humains las de labeur ? Quoi d'étonnant à ce que, entre les drames où sa mère s'épongeait et lui demeurait froid, les tragédies où son père le menait comme à l'office et où il bâillait, qu'ajoutait le cothurne, à ce quoi il pensait tous les jours ? il admira la force gaie, vive, sautillante, révoltante, assaisonnée de retentissantes gymnastiques. Il l'adora en secret, il l'aima publiquement. Il ne fut pas de ces galopins qui attendent à la porte des artistes le traître pour l'objurguer; mais il étudia, d'une curiosité émue, la démarche légère de quelques-uns de nos plus agiles Jodelets absorbé comme le savant par un problème d'hydrostatique ou un calcul de probabilités par des rêveries sur leur souplesse et leur solidité médiane. Quoi aussi d'étonnant à ce que M. Arsène Setier, lorsqu'il eut questionné son enfant sur ce qu'il comptait faire de la vie, espérant un consolant : « Je veux bien entrer au Crédit lyonnais », ou au moins : « Le sort le plus beau pour un fils n'est-il pas de tracer sans cesse le même sillon que son père, » entendant de la propre bouche de son portrait vivant : « Mon père, je veux entrer au théâtre et jouer les comiques de fantaisie », n'ait instinctivement, fatalement, presque convulsivement retourné à une vieille habitude et effleuré le pantalon de monsieur Tom, avant de retomber du haut de son étonnement sur ses pieds.

— Ce sera le dernier que tu recevras de moi ; plaise à Dieu, que grâce à ta férocité lâche et la bassesse de tes instincts, ta vie n'en soit émaillée, argua-t-il en le flanquant à la porte ! Heureusement Mme Setier fut pitoyable et en cachette lui fit parvenir quelques subsides.

Avec une physionomie drôlette et des moyens incontestables, Tom Setier devait rapidement se conquérir une place. Il travailla, se choisit un pseudonyme et, du chef de son père, s'étiqueta « Arcenis ». Ses ambitions étaient grandes et sa science aussi. Après les quolibets qui sont dans la farce comme les mesures pour rien, l'ouverture de concert, il excellait à recevoir le coup de pied, ce dénouement partiel, cette mise en train de la gaieté. Il l'attendait, il devinait de toutes ses finesses mobiles le go ahead de l'adversaire. Il recevait avec dextérité et souplesse. Il plut généralement. Son esthétique était faite et sa morale : le coup de pied est inutile dans la vie, sauf en certaines circonstances, comme l'assaut final de son père ; cela le mêlait agréablement et intimement au souvenir qu'il gardait intact du cher homme, et cela correspondait ingénieusement en leit-motiv avec ce qui avait décidé son rêve de carrière. Il ne fallait pas le rechercher avec excès, l'user, le profaner. Le geste était surtout un geste de théâtre. Il ne devait point faire mal. Il devait jouer avec la vérité, être glissant et doux comme Maïa, cette face unique de la certitude. Et au théâtre il y avait des degrés : clownesque et trivial, même aux Folies-Bergère, banal ou sentimental, au café-concert, parfois exclusif dans la comédie de genre, il prenait toute sa valeur dans la farce et la comédie classique et légitimait, habilement représenté, l'éclat de rire des siècles. Non seulement pour être parfait, il exigeait l'apparat et les lumières, mais encore un quartier bien central, et même la participation de l'État, ce qu'on appelle la subvention et l'intervention discrète du ministère. C'est pourquoi il aspirait de toutes ses forces à la Comédie-Française.

Ah ! quel beau jour que celui où il le reçut rue Richelieu, devant Sarcey et dans le classique ! Son père, réconcilié, pleura de joie ;

et ce ne fut que le commencement de ses triomphes. Joli garçon, bien tourné, il tenta rapidement une de nos plus magnifiques curieuses, la duchesse de Bombaleine : quelques billets doux, et ce fut un enlèvement. Malheureusement la dame prit peut-être mal ses mesures, et Tom Setier, Setier-Arcenis, voulut-il, excès de zèle, briller, montrer qu'il était non seulement un résistant comique, mais encore qu'il était taillé dans l'étoffe d'un jeune premier? Le fait est qu'il se trouvait à genoux, délirant et lyrique, lorsque soudainement il reçut un coup de pied qui avait toute l'acuité de la vie réelle, suivi de plusieurs autres brutaux, médiocres, sans goût, jusqu'à ce qu'il eût vélocement dépassé les portes de la maison qu'il avait voulu embellir.

« Monsieur le duc, écrivait-il, vous eussiez pu recourir aux nobles armes de vos aïeux, et non point compliquer votre cas peu avantageux de la totale exhibition de votre rusticité et de votre impéritie. Non point que l'interprète des maîtres soit atteint en quoi que ce soit, de l'emploi d'un procédé que Molière avec tant d'autres admit ; mais en vous ressentant et en vous voyant j'aurais rougi pour vous de votre inélégance à manier ce moyen amusant de vengeance, si à votre aspect, un peu cramoisi et un peu gérontesque, et je le répète à votre impéritie je ne me fusse cru au théâtre et même en tournée jouant avec quelque obscur comparse ; et cela, monsieur le duc, me gêne et ternit un peu en moi le souvenir de ma belle aventure. Je ne vous en demande point réparation, vos préjugés me la refuseraient, mais je suis vengé d'avance. Adieu, monsieur le duc. »

Tout de même c'était un coup de pied ducal, et attrapé en excellente posture. Ah ! il avait fait du chemin, le petit Tom Setier, du temps où il s'essayait sur les rampes des buttes, sur des tréteaux passants de villettes de province, en des conservatoires; il n'y avait pas à dire, c'était la gloire, la popularité, les portraits en pied foisonnant aux vitrines. Il était partout parfaitement reçu; il avait le tabouret dans bien des endroits, et d'être surpris au pied de la duchesse de Bombaleine n'avait nullement nui à sa réputation de comédien, ni à ses joies d'homme du monde. A la ville, toujours en redingote, pour le majestueux, au théâtre, fardé, paillonné, embelli, il était sans cesse en tenue convenable pour l'hôte qui pouvait ici, qui devait là surgir. Des tournées heureuses et applaudies firent qu'il le reçut devant des têtes couronnées, dans les acclamations des capitales, dans les somptueuses fourmilières des Amériques, partout, partout et toujours avec le plus magnifique succès.

Tom Setier était donc un homme heureux, très heureux, fêté, très fêté, au comble de son destin, un joyeux et un triomphant.

En sa toute plénitude de succès et de vie somptueuse, un soir, il s'en revenait, par la rue Richelieu, sa rue. Ce soir-là libre il avait donné sa soirée à des amis. Dîner, libations exquises, agréables compliments; il avait fort brillé dans des théories d'art et des visions d'ensemble de sa technique. Dans le soir d'hiver, assez agréable pourtant, il revenait de la calme allure d'un homme heureux. Tout à coup, et il en était sûr, personne ne marchait derrière lui, il sentit s'ébranler ses reins sous la plus violente poussée que pied ait jamais pu fournir. Ému, surpris, il regarda, et personne, personne : pas de porte ouverte qui eût pu abriter un mauvais plaisant. Personne, absolument personne, sous le clair ciel étoilé.

Alors Tom Setier, pénétré d'amour, enorgueilli jusqu'à l'extase, mais simple et contenu dans l'interprétation, souleva son chapeau, et s'écria :

— Cette fois-ci, c'est Dieu !

CHARITÉ BIEN ORDONNÉE...

Il n'y avait pas longtemps que Georges Basculet, plus connu sous sa signature littéraire d'Amable des Martins, avait, montant de grade en grade en sa carrière d'informateur, obtenu d'aller déranger fructueusement, au nom du *Riverain,* diverses personnalités en vue, en vue de leur extirper les considérations générales que ces somnités possèdent toujours sur tous les points particuliers de la géodésie, de la température, de la littérature, de la mode, de la politique et du hasard. Amable des Martins était en train de se faire brillamment sa place au soleil : « Au soleil; travaillez, prenez de la peine, c'est le soleil qui manque le moins », se disait manièrement Amable en considérant autour de lui l'incendie blanc de l'été sur les bâtiments de l'Opéra, et ceux à peine moindres du boulevard Haussmann. Amable vit passer successivement une jubilante voiture de course, un fiacre, un omnibus, un passant, un chien, un militaire, une grisette, deux gardiens de la paix sans manifester de joie et aussi sans quitter sa place, qui était l'extrême bord du refuge circulaire sis entre l'Opéra et le boulevard Haussmann. Sous son coquet chapeau de paille, derrière son monocle, médian entre les pointes fines de ses moustaches, dans un complet d'allure joliette, il y adhérait, mélancolique. Mélancolique, et pourquoi? D'abord, Mlle de Jurançon, oublieuse déjà que c'était à son jeune crédit qu'elle avait dû de murmurer, câline et souple, à l'Olympia : « Et moi, je suis l'anisette », lui avait fermé ses bonnes grâces, pour s'envoler où vont les jeunes lunes de second ordre avant d'aller où vont les vieilles lunes, et la plaie de son cœur n'était point cicatrisée. Et puis, il y avait autre chose : c'était dimanche, et Amable exécrait le dimanche, surtout quand il avait très peu d'argent. Des frugalités à la guinguette, foin ! d'un petit tour sur la simple pelouse, raca ! la brasserie, toujours la brasserie alors ? Et que faire cependant que vers les poussières grises et les acacias corrodés de vapeurs nitreuses s'en vont les simples et les inactifs ? Et aussi le souci professionnel le hantait. Il aimait son métier ; il vivait non seulement de son métier, mais en son métier. Et ce dimanche, le dimanche en général d'ailleurs, personne à interviewer ; aux premiers dimanches d'été, les sommités filent vers leurs volières, leurs yoles, leurs charrettes anglaises et un jour sans interview, c'est un jour chômé, et Amable, tous les dimanches, était le traditionnel Titus des mauvais jours, des heures pe: es. Et pourtant, réagir contre cet usage n'était-il pas nécessaire? Le Directeur n'accueillerait-il pas favorablement, fraîche nouveauté, une conversation piquante recueillie parmi les dalles de cet hebdomadaire silence; et Amable songeait, et Amable resongeait sur place.

Tout à coup, une ombre vint s'allonger, humble et caressante, aux pieds d'ébène d'Amable de Martins. Elle frotta le soulier gauche et transgressa le soulier droit; elle s'éleva, en se raccourcissant, sur le refuge, et Amable, se penchant légèrement de côté, aperçut d'un remontant regard les godillots ébréchés, le pantalon tire-bouchonnant le pardessus à crevés involontaires, la barbe rase, les cheveux grisonnants, et, non point seulement avec un trou pour y passer la pipe et quelques lentilles de ventilation, mais avec crevasses, cavées, ravines et gouffres, le chapeau d'un pauvre hère tendu vers sa générosité. Lors Amable donna un décime.

Déjà il apercevait l'envers lamentable du personnage dont il avait scruté la lamentable face ; il apercevait des talons broyés, et, près de l'épaule brune, une épaule grise, et les barathrés des coudes, lorsqu'il s'écria :

— C'est cela, c'est cela ! hé l'ami ? hé, l'homme ?

— Monsieur ?

— Que penseriez-vous d'un bon verre de rhum ?

— Du bien, rien que du bien, Monsieur.

— Eh bien ! Venez avec moi.

Il n'est pas rare de rencontrer en ces parages la salle alléchante d'un marchand de vin ; c'est là que Martins conduisit son invité, le fit servir, se fit servir, et lui articula :

— La vie est dure, n'est-ce pas ?

— Très dure.

— Eh bien, je suis bon diable, vous

m'intéressez. Tous les pauvres m'intéressent ; je n'ai pas toujours le temps de m'en occuper, mais aujourd'hui, je le peux. Mes minutes sont rares, occupées, recherchées... Vous voyez cette monnaie, elle vaut deux francs, partout. Eh bien ! elle est à vous, à une condition...

— Laquelle ?

— Vous allez me parler franchement, à porte ouverte, en toute sincérité, du métier où l'injustice du sort vous a réduit, — la mendicité.

— Monsieur, la mendicité n'est point un métier ; c'est un sort, ou une destinée ; selon qu'on sait s'y comporter, c'est de la bohême, ou c'est de l'art.

— J'admettrai que c'est un art : parlez.

— Mais qu'est-ce que Monsieur désire en voir ? les trucs.

— Non, ce serait plutôt vos impressions.

— Deux francs, c'est bien maigre ; une

roue de derrière fatiguerait-elle par trop Monsieur?

— Voyons, voyons, vous abusez. Trois francs.

— Soit, et vous repayez un verre de rhum?

— Eh bien! oui; je vous écoute.

— Monsieur, la mendicité est un art, en ceci, c'est que la psychologie ne peut être absolument considérée comme une science, et la mendicité est une branche de la psychologie. Il y a ainsi d'autres occupations humaines qui ne peuvent être absolument cataloguées. On a beaucoup raisonné là-dessus : il y a la médecine, la jurisprudence; j'en dirai autant de l'économie politique, en son acception la plus répandue, la spéculation de Bourse.

— Peut-être vous...

— Hélas oui, Monsieur, et vous me voyez ici. Mais point n'est opportun. Pour rentrer dans le domaine de la science, ou, si vous voulez, de la statistique, de l'observation des milieux, de la description des métiers, la mendicité, celle qui nous occupe, dans l'examen de laquelle nous nous cantonnons, celle qui a pour opération première de parcourir les rues en quémandant, est un exercice psychologique. Je formulerai cet axiome : en mendicité, l'acteur, le professionnel, l'exerçant, l'opérateur n'est rien, le client est tout.

— Le client ?

— Sans doute ; sans aucune comparaison avec le négoce, avec la transaction qui n'est qu'une habitude de l'esprit réalisée en quelques conventions, la plupart orales d'ailleurs. Je dis le client dans le sens qu'y attachent le juriste, le médecin, le pharmacien. Il est certain que ces messieurs les attendent avec apparat, et une certaine froideur apparente, genre anglais ; mais, croyez-le, Monsieur, si cela n'était trop contraire aux généralités trop souvent émises sur la tenue professionnelle, ils les racoleraient bien dans la rue.

— Ceci est votre point de vue personnel.

— Je n'ai pas blessé Monsieur ?

— Aucunement, continuez.

— Eh bien ? le vrai solliciteur (vous admettrez ce mot, que nous utilisons entre nous pour nous caractériser) ; le vrai solliciteur... mais permettez que je déblaie ! Je laisserai de côté certaines écoles, n'est-ce pas ? D'abord, les pompiers, en attachant à ce mot le sens qu'y enchaînent les artistes. Pour nous les pompiers, ce sont les infirmes, les vrais infirmes, qui profitent du facile moyen d'une cécité, d'un manchotisme, etc. ; je négligerai les contrefacteurs, j'entends les gâcheurs qui obtiennent les apparences d'une infirmité ; c'est, à mon sens, outre que facile, inélégant, laid à voir, fâcheux pour notre beau Paris, menaçant toujours dans les quartiers où passent de belles dames, dangereux, vous me comprenez, et immoral ; si le mot vous paraît gros, disons simplement que c'est inconvenant. Nous laisserons aussi de côté le vrai pauvre, l'homme totalement pauvre, le dénué, celui dont les entrailles crient. Je sais bien qu'il a pour excuse la parfaite clôture de toutes les portes par fonction secourables, et qu'il pousse et bien malgré lui les portes du violon plus que celles de l'Assistance ; mais enfin, tout en le plaignant, il me faut bien constater qu'à cause même du besoin où il se trouve, il est forcément maladroit ; ni bon compilateur, ni bon exécutant, ni bon philosophe de la chose ; évidemment, évidemment, il peut trouver des cris, de beaux cris ; mais vous le savez, Monsieur, l'inspiration, sans le métier, cela ne mène pas loin. Sans doute, sans doute, ells est suggestive ; mais de ces beaux cris synthétisés en un mot, vous en trouvez partout dans la vie, dans des productions inférieures, tels les drames populaires ; mais c'est seule la tenue générale du ton et du style qui fait les belles œuvres, les œuvres classiques ; mais je m'égare : je reviens à mon type principal de solliciteur ; celui qui n'étant pas absolument sans ressources, sait s'en créer de nouvelles, grâce à un costume pittoresque, une façon habile de se présenter, une voix sympathique bien maniée grâce à ses dons naturels et ses dons acquis, et son instinct de l'opportunité, c'est-à-dire, son tact.

Où faut-il opérer ! Evidemment à Paris. D'abord la province est semée de prohibitoires écriteaux. Et puis, en province, on est trop vite connu. Ce n'est point que je vante la perspicacité de la province, au contraire on y est mal connu et plutôt étiqueté. La province vit sur des opinions faites du premier contact, et durables, car le libre examen des faits divers n'y existe pas. Tout cela est théorétique à la fois et cursif. Et d'ailleurs à l'inverse de tant d'autres professions dans lesquelles on fait fortune en province pour venir faire figure à Paris, il est plutôt dans nos habitudes d'amasser à Paris et d'aller grignoter nos rentes en province, au moins dans la grande banlieue. Je ne vous dirai pas, ce qui est pourtant l'avis d'un de mes plus distingués confrères, qu'en province on se sent mieux, vivant en de très petites villes, en un milieu de cuisiniers retirés, d'une foule variée de petits employés qui ont beaucoup connu les profits modestes du pourboire, et que cela constitue une sorte d'égalité : non, tous les hommes sont égaux, et, vous le savez, il n'y a pas de sot métier; mais à exercer le nôtre nous connaissons tant et si à fond Paris.

Car la géographie bien comprise de Paris est, chez nous, une des premières études qui s'impose aux débutants. Dédaignons ces métis, ces mixtes qui vous fatiguent après les sorties de théâtres, journaux ou portières de fiacre à la main. Le vrai solliciteur ne peut les suivre sur ce terrain ni à cette heure. Comment pourrait-il se lever matin, et finir sa journée assez tôt pour pouvoir, changé, renouvelé, rafraîchi s'attarder en quelques-uns de ces cafés de quartier, de ces cafés blancs malheureusement devenus trop rares, où l'on peut feuilleter les journaux, et peut-être parfois conclure par intermédiaires de ces petites affaires de prêt, qui aident la marmite à bouillir ; ou bien faut-il sacrifier quelques heures à cartonner en famille ! Le vrai sollieiteur doit être levé de bonne heure ; comme les crieurs de journaux, comme les marchandes de violettes, il doit se trouver sur le passage des grandes files ouvrières qui descendent des faubourgs vers Paris ; je vous citerai ce merveilleux carrefour de la place de la République, agréable d'ailleurs à cause de son marché aux fleurs et où viennent converger les coulées de Belleville et du faubourg du Temple, les arrivées du faubourg Saint-Antoine et un peu du Marais. Excellent poste ! de même au Châtelet, près de la tour Saint-Jacques, un peu romance, excellente pour cela ; le faubourg Montmartre moins bon, l'on est très vite gêné par les petites voitures des quatre saisons Enfin, vous voyez, une étoile au milieu des quartiers populaires. Les autres sont quartiers de morte saison. Il faut fuir les quartiers de ministères, les quartiers riches pleins de domestiques durs, les quartiers de commerce où les patrons sont secs, et où notre clientèle ouvrière, ennuyée de son labeur, ne donne pas. Elle a d'ailleurs déjà été sollicitée le matin. Dans ces étoiles que je préconise, vous avez la plus grande chance d'intéresser nombre de fillettes qui courent vite, et quelqu'un qui vient souvent à leur rencontre, vous pouvez tourner avec quelque insistance auprès d'un monsieur arrêté regardant fixement l'horizon par où elle va venir. Il ronchonne, mais s'exécute... J'avais pensé, en vous voyant adhésif à ce refuge, que...

— Non, ce n'est pas cela.

— Vous m'étonnez. Ne seriez-vous pas en quelque légère peine de cœur alors...

— Peut-être.

— Oh ? sans doute, je n'interroge pas ; mais je vois que ma technique n'est pas en défaut. Ah! Monsieur, les femmes sont perverses et cruelles.

— Vous disiez, au contraire, que les jeunes ouvrières, demoiselles de magasin...

— Mais, Monsieur, ne confondons pas. Ce n'est point par charité qu'elles nous donnent. C'est par fétichisme ; c'est aussi pour se permettre d'un cœur libre une autre dépense : c'est pour pouvoir s'arrêter et regarder avec quelque prétexte autour d'elles. C'est surtout pour charmer la personne qui s'avance à l'encontre d'un pas rapide. Oh! je ne crois guère à la bonté générale ; mes confrères non plus, et c'est pourquoi notre métier relève de la psychologie, car en dehors du lieu d'exploitation, chose secondaire en somme, il y a autre chose; pour conclure ce petit essai de géographie, je vous dirai que ces quartiers, excellents le matin, ne sont pas trop mauvais le soir, parce que nous pouvons y stationner un instant, et ensuite remonter mêlés à cette même foule qui regagne ses logis ; nous aussi; nous habitons presque tous dans les faubourgs; une des raisons qui nous attirent là, c'est la simple, l'élémentaire prudence. Des jeunes gens, des naïfs se précipitent vers les Champs-Élysées, vers les courses, vers les gares. Or, il ne faut pas l'oublier, nous avons un ennemi, rusé, ardent, terrible parce que adroit, ingambe, alerte : c'est le pick-pocket. Nous sommes pour lui la proie désignée et affichée. Il nous devine un peu munis, et il a la chance que dévalisés nous n'osions pas nous plaindre. Un Anglais, pris sur le fait, a imaginé le système; perte pour perte; il a joué beau jeu.

— Oui, dit-il au commissaire, j'ai pris à monsieur ceci.

C'était un élégant porte-monnaie, cuir de Russie, et contenant dix louis. Avec la propension qu'on a à nous croire riches, c'était terrible. D'ailleurs cette fois le commissaire ne fit ni une ni deux. Il s'esclaffa.

— Ah! Monsieur, vous êtes Anglais, c'est parfait; je vous comprends, c'est de l'humour et du meilleur. Et reprenez donc vos dix louis, je vous en prie... Et vous, l'hypocrite, fulgura-t-il au pauvre volé, n'y revenez plus, vagabond, vous pourriez vous repentir de vos mauvaises plaisanteries.
— Oui, Monsieur, tous ces grands quartiers sont fort dangereux.

Mais je vous disais ceci : pour nous le client est tout; oui, à condition de le deviner. Il est certain que ce muguet qui vole vers ses amours, donnera si on le talonne, si on le pourchasse ; il est bien plus certain que l'amoureux timide donnera, c'est une assurance qu'il prend. C'est « un Dieu me le rendra peut-être » non formulé, mais instinctif et permanent, ah ! croyez-le. L'homme en deuil est excellent, soit qu'il ait éprouvé une grande douleur, et alors tout, même nous, même son geste le distrait ; soit qu'il hérite sans douleur, et alors il a l'heureuse indifférence du bonheur vis-à-vis les choses matérielles et, comme on dit vulgairement, il se fend. La dame de province, excellente, si vous la poussez un peu. Elle craint de se faire remarquer. Et aussi, n'importe quel monsieur, un peu gros, un peu gras, un peu grisonnant, confortablement vêtu, qui s'arrête devant une personne d'un autre sexe, le chapeau à la main.

Ne pas se précipiter ; mais, un peu avant la fin du dialogue, apparaître et de deux pas regarder avec humilité et insistance. Je ne mentionne pas les joueurs ni tous les croyants à quelque fatalité. Il y a toujours un léger tic nerveux, qui les énonce. Vous le voyez, le clavier est vaste, je pourrais encore vous détailler...

— Merci, mais le temps court, et courra encore, reprit Amable. Il me reste, Monsieur, à vous remercier de votre consultation. Oh! encore une question : vous enrichissez-vous?

— Peuh. Monsieur, s'enrichir, c'est un bien gros mot. De petites rentes; pas plus qu'un autre n'en amasse à végéter quarante ans sur un rond de cuir; des aisances analogues à la retraite d'un petit employé, c'est tout le bout du monde.

— Et vous vous retirerez à la campagne, plus tard?

— Oh! sans doute, sans doute ; j'ai du goût pour les petits théâtres, et cela pourrait me conserver quelque temps encore à Paris; en vivant petitement, on le peut.

Maintenant, Monsieur, si à la théorie

vous voulez joindre une connaissance plus approfondie de la pratique, vous pourriez en marchant quelque temps, une demi-heure latéralement à moi, voir que je ne m'en tire pas trop maladroitement.

— Non, je vous remercie infiniment. Au revoir, Monsieur.

— Au revoir, Monsieur.

Et chacun s'en alla vers ses occupations.

LE NOUVEAU CINYRAS

A Félix Fenéon.

I

Une errante villégiature m'avait amené pour quelques jours au petit village de Zeele, à quelques centaines de mètres de la mer qu'attestent, toute proche dès la place de l'Église, l'étendue de velours ras et bosselé des dunes, et sur elles la couleur blafarde et profonde de l'horizon, cette indescriptible mais reconnaissable sensation de large, de sans limites, que donne le ciel sur les berges de mer et sur les hauts plateaux des pays de montagnes. Partout ailleurs quelque chose, une menuité, la pointe d'aile d'un moulin, la cime d'un arbre à peine visible, une fonçure sur le ciel causée par une fumée vous prévient qu'une route continue, qu'au coude de la route se trouvera quelque maison, quelque pacage ; ce ciel a l'air habité. Mais vers la mer, à longue distance déjà dans l'atmosphère, cette couleur de glace sans tain qui vous attend à son seuil.

C'était septembre, une nature au teint froid. Les silhouettes des passants dans la dune sur ce large fonds vide avait quelque chose de grandi et de minutieusement découpé, de cerné comme par une ligne blanche. Les maisons du village, irrégulières, basses, aux toits de tuiles vieilles et moussues couleur de terre et d'herbes parasites mêlées laissaient autour de la vieille église un trou plutôt qu'une place ; des boyaux étroits plutôt que des rues séparaient les maigres potagers ; des choux énormes et violets se développaient à l'aise derrière des rideaux d'hélianthes à la face penchée parmi leurs rayons de dessins burlesques. Des vaches passaient, l'air ponctuel, soulevant un peu de sable gris du chemin. La place seule était pavée. Il n'y avait point de cadran à l'église, mais seulement, en face du Christ d'un calvaire extérieur, Christ couleur de pluie et de chair spongieuse, le cippe d'un cadran solaire.

Au débouché du village, sur la route vers la mer quelques villas, étésiennes par une assez jolie profusion de balcons de bois verni, de vérandahs, de jardinets d'une flore assez simple, et des auberges dont l'une affectait quelque air de fête par des chaises et des tables extérieures, et aussi par une sorte de tente de coutil rayé, un peu surprenante par ce jour gris, à moins qu'on eût songé à distraire par les petites gambades du vent jouant avec les dentelures.

Après avoir dîné dans la salle blanche, n'importe où l'air et vague avec son piano fêlé, ses rideaux de fausses guipures, deux ou trois images de sainteté d'une polychromie naïve et violente, je goûtais sur cette terrasse de cette boisson noire qu'on appelle par là du café et, devant la large plaine moutonnante des verdures maigres, je rendais justice à l'ingéniosité qui avait voulu qu'on pût s'amuser du vent jouant avec les dentelures de la tente, et s'essayant à petits coups, abandonnant et recommençant cette tâche bien digne de sa futilité de renverser une chaise, dont un pied était sis sur une brique un peu usée et plus basse que ses voisines. Ailleurs il courbait de petits arbrisseaux et faisait friler leurs feuilles d'un petit mouvement continu. Plus loin il roulait à petit trot des objets d'inégale grosseur, des poussières, des morceaux de papier, des bouchons peut-être ; il accomplissait horizontalement tout ce qui est, verticalement, le triomphe du jongleur. Personne ne le gênait, ni sur la route ni dans la dune ; à peine un bourriquot dont il dressait le poil sur l'échine en courtes ondes.

Tout à coup j'entendis, et très près de moi, un très vigoureux croassement; on y répondit de-ci, de-là, ce fut comme tout un concert de corbeaux. Je regardai : aucun oiseau noir ni sur la plaine, ni dans les airs; mes yeux s'élevèrent vers le clocher. Aucun oiseau n'y battait des ailes, et pourtant l'ubiquiste « croa, croa » ne cessait point. Il était, d'ailleurs, si fort et si violent en chacune de ses modulations; il était si rythmiquement répété ; il avait quelque chose de si humain que je doutais bien que ce fussent des oiseaux qui s'amusassent ou se répondissent. Je me levai et j'aperçus un petit homme taillé en tonnelet qui dans un angle de mur, la main en porte-voix, s'amusait à hurler de toute sa force, et sans nul doute un autre, plusieurs autres drilles, également farcis de jovialité lui répondaient. Singulier concert pour égayer leur heure de digestion ; je concevai que, comme tous les naturels des pays de mer, ils n'eussent point, devant la dune ou la vague, de ces méditations légères et mélancoliques qui sont le propre, le plaisir et aussi l'orgueil des citadins. On part d'une capitale pour aller rêver à la mer ; les riverains, eux, se constituent hôteliers, ils bâtissent comme entrepreneurs, ils bâtissent comme maçons, ils servent l'hôte contemplatif, de leurs enfantelets qui font ses commissions, de leurs filles qui font sa cuisine, de leurs grands fils qui tiennent à sa disposition de rêches et rétifs grisons, qui lui tendent les bières, les alcools, qui glissent sous sa porte des prospectus chantant la vente à meilleur compte de l'épicerie ou l'arrivée, au grand hôtel, d'un prestidigitateur sans renom. Ils le coudoient sur la route, ils se ploient obséquieusement à ses désirs, ils amassent derrière son dos, grâce à sa démarche et aux moindres détails de sa vestiture, des provisions de gaîté communicative pour les longues veillées d'hiver ; ils le volent sur son manger, sa boisson, ses allumettes, ses transports, sur ses grands désirs et ses menus caprices ; mais ils se gardent de lui dérober la moindre parcelle de rêverie éparse. L'hôte est leur débiteur-né ; ils ont cure de ne point l'oublier, et ils gardent leur distance. Lui, il rêve, contemple et se joue ; eux sont à l'étal, au comptoir, et l'œil prêt, l'escarcelle ouverte, et disons-le, la main preste et familière avec le bien de cet autrui, qui est leur, qui est la manne annuelle, et même la main entreprenante, si le porte-monnaie s'égare, et au lieu de suivre son maître abîmé dans des visions de poète, glisse de ses poches sur la route ou le sentier.

Je rentrai dans l'auberge et questionnai le tenancier ; mais cet homme était bien différent de ce fastueux et rubicond bavard « Notre hôte de la Jarretière », qui a servi de modèle à tous les aubergistes de vaudeville et d'opéra-comique, et, par réflexe, à beaucoup de ceux que nous donna la Nature, et dont elle saupoudra notre patrie dans les *Ecus de France* et les *Grands-Cerfs*, commis voyageurs à poste fixe et mitronnets géants, habillés tout de blanc avec bonnet couleur de crème. Celui-ci avait remplacé l'antique rondeur par un sérieux administratif. Il était maigre et strict. Il tenait de l'explorateur et de l'employé de banque. Oui, maigre, strict et froid, un chiffre, une addition ; sur de noueux compas juché, sans ventre, grand, il arborait, contre bise et soleil, une tête plate, sèche, maigre, toute en nez, un long nez courbé, étroit, et des cheveux ras ; de l'échassier dans l'allure, du vautour dans la physionomie, néanmoins un sourire fixe et des yeux petits mais bien ronds. Cet homme se frotta les mains, puis ce nez dominant et caractéristique et affirma : « Ce sont de bons garçons, ils s'amusent, ils vont avoir fini, c'est leur heure de travailler ; » et je n'en aurais pas su davantage si, retournant à mon poste d'observation, je n'eusse vu d'abord quelques maçons couleur de brique sale et de farine gâtée, qui s'en allaient, dandinant et jouant des épaules, d'ordes casquettes inclinant des visières multigones sur leurs yeux, et, à leur suite, un monsieur gesticulant, invectivant, brandissant un gourdin, qui finit par se camper au milieu de la route et chargea l'air ambiant d'une foule de flamandes épithètes qu'à l'accent je jugeai homériques.

D'autres croassements partirent ; les haies ou les murs en étaient sans doute coupables, car ce fut vers eux qu'il lança son invective soutenue ; son pardessus noir voltigeait en même temps que la parole sur ses lèvres. Il était noir et rose, glabre et un peu bigle ; il marchait à pans carrés ; il invectiva circulairement l'horizon, puis m'apercevant il ôta son chapeau et se reprit à crier : l'horizon ne répondait plus, il y eut encore un croassement, mais lointain et qui peut-être émanait d'un corbeau réel. Puis il s'enfonça dans une venelle. Alors quelques cris euphoniques se correspondirent encore ; décidément ce n'étaient pas tous des ouvriers, les humains à voix de volatiles, et l'homme taillé en tonnelet, quelques instants après, entra dans l'auberge, l'air simple et modeste, mais satisfait, les joues encore un peu tremblotantes, l'aspect débonnaire et rougeaud, et, pour réparer sa fatigue et sans doute se récompenser d'un utile labeur, il absorba un grand verre de bière.

J'allai vers la mer ; quelques petits nuages se volutaient au-dessus de moi, des chariots dételés encombraient la route ; il y avait des briques partout pour construire des maisons, et un joli lit de cailloux pour améliorer la route, pointus, et choisis avec soin parmi les plus aigus. L'indigène ne les écrase pas au rouleau ; pour lui, le rouleau c'est le piéton, c'est le voyageur, c'est l'hôte ; c'est lui qui les doit tasser dans ses fréquentes promenades du village à la mer. C'est un des nombreux emplois réservés sur ces côtes au visiteur oisif, au songe-creux, au sportman, au marcheur attentif à son hygiène. Et j'atteignis la plage où quelques cabines étaient là, jetées sur le sable, pour en faire apprécier la grandeur, de même que les photographes juchent un Arabe parmi la pierraille inférieure du Sphinx comme point de départ d'une mensuration exacte. Trois ou quatre loques séchaient au vent, avec des aspects de grossières caricatures obèses. La mer démontée, limoneuse, grasse, houleuse clapotait sous un ciel bas ; elle jouait avec de lourds bateaux de pêche rougeâtres. Les pieds enfonçaient dans un sable grumeleux ; mais tout auprès du bord une bande encore humide était élastique, résistante et supportait bien le passant ; et c'était parmi ce sable, sur une ligne monotone, mille débris, mille cassures blanches, grises, briques avec des étoiles de mer éteintes, des carapaces blanches et vides de crabes, des bouts de petits poissons. En s'écartant de ce sillage on enfonçait du pied des morceaux de tourbe ; on voyait, dans de minuscules étangs, de jeunes méduses larges comme des écus agiter rythmiquement leurs gazes blanches ou violâtres, et des moucherons sautaient. Entre la dune aux escarpements sableux et la houle verdâtre, c'était un long ruban bis d'une fraîcheur adorable qu'accentuait, que continuait la blancheur parfaite de quelques oiseaux de mer posés ou se jouant. C'était innocent et frais, inédit au pas, ou sachant le paraître, presque vierge et le ciel devenant tendre, un léger rayon venant teinter de clair la face des eaux, ce fut un instant ingénu et charmant.

Lors je vis assez loin débouler une, deux, trois formes, qui venaient à ma rencontre : baigneurs ou paysans, pensai-je. Ces formes allèrent occuper la bande élastique et grise où je marchais, et dès lors vinrent comme à ma rencontre, mais avec arrêts et soubresauts ; de plus près je vis d'abord un grand barbet jaune qui faisait le fou, circulairement, autour de deux personnes, un homme noir, une femme blanche. Le barbet passa comme une flèche autour de moi, tourna, joua l'éclaireur, l'informateur, parcourut l'horizon d'un air capable, repartit comme une flèche vers ses maîtres, décrivit une arabesque, puis se décocha en sens inverse, et les humains que je voyais étant encore approchés, je distinguai mon homme des invectives, et une femme à son bras, pas jeune, pas vieille, sans âge, avec de rudes mèches de cheveux de ce blond indécis dit filasse, avec un chapeau de fillette, une robe presque courte, d'aveuglants souliers jaunes, et quelques rubans d'un groseille paroxyste, note assez locale ; à quelques pas, insignifiante, et de près franchement laide ; mais personne ne m'avait promis à Zeele des sirènes au long de la grande voix marine, et j'étais plutôt gêné en ce frais paysage, de cet homme noir et glabre, qui avait l'air ici de rappeler tout ce qui ferme, tout ce où l'on enferme, les geôles, les études, les collèges, les ministères ; il était un grain rangé roulant dans l'espace libre, et c'est pourquoi il était dépareillé, et à cette minute de l'espace et de la nature de par son noir costume, assombrissant et même salissant. Il avait, autant que ce bref examen me le put montrer, un air rogue et têtu, pédant et dogmatique ; mais ses yeux étranges, bleus et fixes avaient quelque singulière lueur ; il avait sous cet aspect clérical et monastique comme un frémissement, que j'attribuais à la présence penchée de sa compagne. Après tout, ils avaient bien le droit d'être laids à leur manière, et je n'y pensais plus, les ayant dépassés, allant où tournoyait à quelques centaines de mètres de moi et allait se poser un vol éblouissant de mouettes.

Je revins par la dune pleine de petites ravines et d'escarpements, tout au plaisir de découvrir çà et là une flache entourée d'herbes courtes et dures, roseaux miniaturés de ce petit lac, et de faire brusquement redresser, avec une prestesse de culbute, un oiseau qui s'envolait à tire-d'aile. Parfois, au détour d'un petit monticule, un lapin déboulait et dépensait à mon égard d'inutiles trésors de vitesse, et encore des oiseaux qui filaient à grand bruit de la broussaille. Dans ces entonnoirs, sous le ciel calme, en ce silence tous les bruits se magnifiaient ; un chuchotis dans l'herbe s'élevait à la pleine sonorité. Je regardais de grands chardons bleu tendre assez jolis, qui, avec quelques fleurs jaunes,. des framboisiers sauvages et quelques arbustes fort hérissés d'épines, composent toute la végétation de la dune ; mais qu'importe! La beauté de la dune n'est point dans les couleurs de sa parure : même on pourrait dire qu'à cause de la rareté des couleurs, le plus maigre ton prend de toute l'uniformité ambiante un grand charme. La beauté de la dune, en son monotone revêtement, c'est sa solitude, ses détours erratiques, les proportions de ses accidents qui la font paraître énorme en largeur quoiqu'elle n'ait pas cinq cents mètres. Cela tient un peu du labyrinthe, sauf qu'on en sort; mais il y a mille détours, et des petites montagnes, et des esplanades souples et douces, et des milliers d'insectes actifs, bourdonnants, et des creux charmants les uns de sable immaculé, les autres d'herbe rose, et c'est dans un de ces creux que je revis mes bonshommes.

Leur aspect respirait toute la tendresse. Ils avaient les mains dans les mains et se regardaient les yeux dans les yeux. Ce fut un temps bref, une vision de quelques secondes ; car l'approche d'un étranger les rembrunit. Ils se levèrent; la dame ramassa à ses pieds une botte de chardons et de fleurs sauvages que le monsieur se mit en devoir d'accroître, cueillant à mouvements automatiques et présentant son hommage avec des gestes arrondis. Ils gravirent une pente, et d'une pente voisine je les vis dans un vallonnement, sifflant et gesticulant jusqu'à ce que leur barbet dégringola d'une haute dune et revint tournoyer en leurs parages. Je les suivais d'assez loin, car je voulais revoir le village et un peu me délecter de sa vie personnelle.

Elle était calme : des femmes sales talochaient des mioches malpropres, des enfants plus grands couraient les uns aux talons des autres ; le facteur passait sérieux, comme s'il avait des lettres ; les hôteliers se regardaient du pas de leur porte : mon hôtelier maigre toisait et était toisé par son vis-à-vis gras, à la face un peu porcine. Un autre les observait en fumant sa pipe, examiné lui-même par un autre qui se croisait les bras. Une vieille femme, devant qui personne ne passait, n'en tendait pas moins le creux décharné de sa main tremblotante. Un ouvrier peignait une grille en sifflant, un autre chantait en arrangeant des tuiles, hymnes discords qui coexistaient et dissonaient sans se résoudre. Un charpentier regardait avec un stoïcisme réfléchi des arbres qu'il fallait sans doute équarrir, et des planches qui devaient très probablement être utilisées. Il avait l'air fataliste et étonné : tant de bois ! et il en viendrait tout de même à bout, il en avait la certitude par habitude. Un charron faisait son vacarme, et une fillette piaulait. Il y eût bientôt une animation plus grande sur la petite place, et un sifflet se fit entendre long et plaintif à distance : c'était une des heures vives de la journée, l'heure où passait le chemin de fer. L'élégance, le bon ton et la curiosité commandent sans doute à la gentry du village de s'y trouver, car je revis mes bonshommes qui attendirent, regardèrent, l'air béat, le train arriver, le virent repartir l'air convenablement intéressé, et tout à coup quelques vifs « croa, croa », partis l'on ne sait d'où, pas loin, déchirèrent l'air, et l'homme menaça l'horizon en périphérie : et sa voix s'enfla en harangue ; mais sa compagne le calma, et lui disait en français : « Laissez ces paysans, ne vous mettez pas en colère », et comme il s'obstinait, elle lui reprit le bras et le dirigea vers les routes de la mer, articulant un : « Venez-vous, mon père ? », qui me surprit.

Il était manifeste que la croassante aubade s'adressait à ce couple. A dire vrai il n'embellissait point les entours ; mais une protestation esthétique était, en l'espèce, improbable. Le paysan est fort indifférent aux traits et à la physionomie des citadins qui viennent vivre auprès de lui. Il se borne à les juger laids, le teint trop pâle, et de faible santé, les membres lourds et le geste démuni de cette belle désinvolture qu'il se considère, mais cette opinion ne prend point corps en ses propos, ne dérange pas son aspect de condescendance respectueuse de marchand à qui on loue, en surplus de ses aptitudes spéciales, son air respirable, et les beautés qu'il est surpris de voir découvrir, en son cadre d'arbres et de maisons et de feuillages. L'irrespect vrai et latent de l'homme des champs n'est soulevé, promu à l'existence extérieure, en tant que sourire narquois, geste ironique, ou huée que par des bizarreries de costume. Mais la vestiture des deux personnes, autour desquelles s'organisaient ces sonores jeux des quatre coins, était de tout point semblable à la tenue régulière des employés, des petits négociants des petites villes. L'homme avait plutôt l'air bureaucratique, le costume d'un fonctionnaire libre un dimanche, libre quelques semaines, et qui pour ce fait a gardé tout son noir plumage, modifiant seulement son aigrette, adoptant le chapeau mou, au lieu des couvre-chefs hiérarchiques qui permettent de se présenter partout, délaissant la rigidité du fauxcol et des manchettes. La jeune femme tout à fait quelconque, et même suffisamment fagotée pour désarmer toute ironie des jeunes beaux et toute envie des jeunes belles en ces parages. Il y avait autre chose, d'autant que si mon court séjour me permettait d'en raisonner exactement, ces hourvaris leur semblaient uniquement dédiés. Cette affaire prenait donc un caractère suffisamment exceptionnel, se dressait en petite énigme assez pour m'intéresser un peu.

Tous ceux qui parcourent les campagnes, pour vendre et acheter, les cauteleux voyageurs de commerce, les madrés fermiers, les facteurs, les maquignons ont mille façons de se renseigner ou de satisfaire leur curiosité. L'aubergiste est là, à leur dessert, à portée de la main, comme une collection de journaux locaux, comme une bibliothèque pleine de dossiers. Ils ont mille façons de le cerner, et lui deux mille façons de se défendre ; mais le questionneur en tire toujours un atome de profit. Dans la conversation confidentielle, un verre de liqueur sert de prétexte pour s'abandonner à deux, les coudes sur la table, vers un échange de vues amical et entier ; les deux amis pèsent, et de quelle précision, les silences, les mouvements des épaules, le son des paroles, les interjections, tirent l'augure d'après les bouffées rapides ou lentes de la pipe. De bons résultats sont obtenus par l'observation exacte du temps que la pipe passe à vide, c'est-à-dire sans être excitée par le souffle de son fumeur, à égale distance de sa bouche et du nez de son interlocuteur. La gamme majeure ou mineure du rire, son plus ou moins de naturel, le diapason des coups sur la cuisse dont il s'accompagne, le plus ou moins de simplicité des temps dont on gradue le passage du rire à la sérénité habituelle, tout cela fournit de précieux éléments de conviction. Les adversaires, car c'est bien partie liée, s'y plaisent. Si le passant tient à son renseignement qui est à ses yeux le bénéfice moral du dîner qu'il vient de prendre, l'aubergiste tient à savoir pourquoi le visiteur a besoin d'être éclairé plus ou moins généralement sur tel angle de la vie du village. Au pis, ils font une cote mal taillée, et jamais aucun des deux ne sort de cette réconfortante conférence aussi ignorant que par devant. Mais pour un citadin, un baigneur, un fragment de « Messieurs les étrangers migrateurs » qui viennent en tribus et repartent en masse, dont le passage est d'avance prédit et délimité, l'ignorance est un devoir, et la vie du village garde ses secrets; tout y devient un secret, rien n'a de tenant ni d'aboutissant; à peine les gens vous avoueraient-ils qu'ils sont frère et sœur. Il faut passer et payer, payer et passer. Le village ne vous est de rien, vous avez le ciel et la mer et le soleil, que voulez-vous de plus?

Pour vaincre cette force d'inertie quels moyens de coercition? En face ces buffets vides et fermés, quelle efficace tenaille? Le sésame de la porte à secret d'un de ces quarante voleurs, le charbon ardent qui touche les lèvres de ces muets volontaires, d'autant plus muets qu'ils sont entre eux discoureurs, bavards, indiscrets et médisants? quel moyen? pour l'étranger il n'y en a guère qu'un, c'est un mécontentement assez accentué, assez communiqué pour faire craindre que le migrateur émigre, pas bien loin, à l'auberge d'en face. Alors le dépit, la haine héréditaire entretenue envers le voisin d'en face peut être un solide adjuvant. Encore faut-il un prétexte... Je l'eus, avec excès ; il me vint réveiller au milieu d'un de ces lourds sommeils qui couronnent les premières enjambées sur les plages et les premiers hâles de l'air libre.

Je tressautais ; on eût dit qu'un tremblement de terre s'était spécialement voué à déverser en cataracte, à faire rebondir en miroirs de sonorités, à agiter comme castagnettes, à heurter comme cymbales tous les cuivres de la cuisine de l'auberge, et ce fracas avait déchaîné une explosion de rires aigus ; d'aigres flûtes fusaient en vrilles des gammes sur la basse profonde et continue de monotones et obstinés tubas, et des rires et des cris, puis une convention de freux, de choucas, de corneilles, de corbeaux, de grolles et de corbillats, et pourquoi pas aussi de pyrrhocorax fondit sur le toit de la maison, et corailla, d'autant plus énergiquement, follement, bravement que des abois se déchaînèrent dans la nuit, se correspondirent, se vantèrent, rivalisèrent, dans l'éveil, le guet sûr, la modulation, la menace et de proche en proche signalèrent une horde aux mauvais instincts, et quelques espagnolettes crièrent. Il m'apparut que le son des cuivres s'était rythmé, leur euphonie semblait bien encore résulter du choc obstiné de casseroles et non d'instruments bien réglés. Ce n'était point une catastrophe, malgré ces sonorités de marche funèbre ; c'était un salut de gaieté, une bamboula dansée aux sons d'occasionnels tamtams, par des nègres au langage inarticulé, des paysans se muaient en tribus primitives, car c'étaient bien mes concitoyens momentanés, mes hôtes qui se ruaient en sérénade burlesque ; ce n'étaient point des fantômes, ces formes blanches, mais des plâtriers, charpentiers et cabaretiers, longuement drapés de draps de lit, et les flûtes entendues n'étaient point des flûtes, mais les rires et glapissements de bonnes commères, sans doute emmenées en ce charivari simplement parce qu'elles y excellent.

Je pensais qu'une voix essayait de dominer le tumulte. La douteuse clarté de la lune permettait d'apercevoir quelque agitation à une fenêtre non très lointaine, et j'y croyais pouvoir situer un homme agitant tout ensemble ses bras et sa parole ; mais le verbe se perdait dans le fracas protestaire. La vingtaine de braves gens qui luttaient de pittoresque avec les oiseaux nécrophores, tout en contrastant par la blancheur de leur attifement n'avaient nulle envie de le laisser parler à son aise. L'orateur découragé referma sa harangue, et après un vif hosanna plus triomphal, plus arrogant, plus occupant que tous les hourvaris antérieurs, la bande se dispersa dans la nuit.

Le lendemain je pus m'en plaindre et l'hôtesse m'objecta :

— Oh ! ils ne sont point méchants, ce sont des gens qui s'amusent.

— Mais encore à quoi ?

— Ils se promènent comme ça, et ils crient comme ça, croâ, croâ.

— Mais ils en veulent certainement à ce monsieur noir que j'ai vu passer.

— Oui, bien ; mais pourquoi ? je ne sais pas.

— C'est ennuyeux, j'aime dormir ; je ne pourrai pas rester ici.

Alors l'hôtesse, vivement :

— Oh ! cela n'arrive pas souvent ; c'est seulement un peu dans la journée qu'ils crient après ce monsieur et cette demoiselle.

— C'est sa fille ?

— Oui, monsieur.

— Qu'est-ce qu'ils font ici ?

— Rien, c'est un employé pensionné.

— Et sa demoiselle ?

— C'est sa demoiselle ; oh, dit-elle en souriant, il s'amuse bien avec sa demoiselle.

Et elle s'envola.

« Il s'amuse bien avec sa demoiselle, » c'est dit avec sous-entendu, mais à quoi s'amuse-t-il ? je n'en saurai pas plus ici.

II

En ces contrées, quand on est las des villages au bord de la mer, on a la ressource d'aller passer quelques heures en une ville au bord de la mer. Les cités balnéaires (style du pays), sont proches les unes des autres, et gravitent au sud et au nord de l'imposant Ostende. Il en est de plus modestes, et Zyte me parut tout indiqué par sa proximité pour y aller perdre deux heures à voir la mer baigner des civilisations raffinées. Là, une longue digue se plaît en sa longueur majestueuse; la ville s'enorgueillit d'une gare, de passages à niveau, d'un marché, de tout ce qui constitue, en plus des maisons, une agglomération notable et distinguée. La digue est bâtie de villas serrées, adhérentes, d'hôtels, de cafés, et en face c'est toute la mer, avec des brise-lames, des bouées, et l'on voit des bateaux-phares. Un kiosque à journaux, rempli de feuilles et de livres d'une saine doctrine, fait face à un kiosque à journaux qui s'enorgueillit de feuilles et de livres répondant aux besoins nouveaux de la pensée des baigneurs. Si le village, avec ses quelques auberges, garde le baigneur comme un étranger qui glisse et ne pénètre pas, la petite ville lui abandonne, en toute propriété temporaire, une bande de son territoire, soit la digue et la plage ; l'étranger est le roi ; les auberges sont d'un côté de la route, elle est à lui ; en face, il a l'horizon à lui, et de toutes les larges baies vitrées des cafés, des hôtels, des vérandahs minuscules et voisines, où toujours quelques dames cousent, et quelques messieurs lisent, avec des aspects de figurines plan-

tées dans un guignol, le baigneur regarde
la mer, l'horizon, le nuage, le temps qu'il
fait, et surtout le baigneur. Blanc comme
la mouette du large, casquette blanche,
veste blanche, pantalon blanc, les pieds
jaunes comme les palmipèdes, le baigneur
rase la digue, la lisse de son pas ; il la parcourt de son point nord à son point sud.
Tous les baigneurs qui ne font point partie
de la figuration latérale, des vérandahs et
des terrasses, passent par groupes amicaux,
et sans doute les deux camps de passants
et de regardeurs, d'acteurs et de spectateurs se relèvent, se remplacent en une
allure assise ou debout, alternative. Si le village a cet aspect peu communicatif, secret ;
s'il a le visage dur en ses maisons crépies
de blanc à volets petits, étroits et têtus,
la ville par toutes ses verrières et ses baies
sur la digue apparaît vraiment comme
la maison de verre. On y vit, on y jase,
on y potine ; tout s'y sait, tout s'y devine

tout s'y prévoit. On agit pour avoir un élément de conversation, après le lourd repas de table d'hôte, quand sur la terrasse devant d'énormes poteries blanches ennoblies tasses à café, on crible tout le voisin et toute la voisine depuis le costume de bains, couleurs et ornements brodés et les allures, et le peu de toilette des voyageuses et l'opportunité qu'elles mettent, à en changer, et à les approprier aux rites divers de la journée.

Je jouissais de cette atmosphère de communisme visuel et de bienveillance, supportable si l'on en dédaigne la somme de curiosité exagérée, ou si on la supporte eu égard à l'ennui incurable, morne, mondain, stoïquement supporté, de ces gens transportés devant le ciel et le large, et qui le souffrent par tenue, par ambition de garder leur rang ; je marchais parmi ce défilé sans déplaisir. Les propos, les considérants les plus sérieux, ceux qui devaient faire loi et mode, sur les faits principaux de la matinée, me semblaient se concréter dans les vérandahs. Les opinions devaient glisser de là aux terrasses d'hôtel, se concerter et se comparer dans quelques magasins universellement fréquentés, tels le bazar et la pâtisserie. Je passais, je dois le dire, inaperçu quoique différent et inférieur par le costume à tous ces blancs messieurs, ayant moins qu'eux cette allure un peu maritime, ces aspects de capitaine au long cours qu'ils devaient à leurs casquettes et à des lorgnettes passées en bandoulière, lorsque j'aperçus vis-à-vis de moi, à quelque distance, un homme derrière lequel on se retournait, un tout petit peu, pas même à demi. Certes il était différent : un béret blanc, orné d'une floche blanche; une chemise rose, et une haute ceinture violette, un veston rayé de brins d'herbes, un veston à bouquets, un pantalon presque jonquille, voici ce qui venait vers moi, plus un sourire et une main tendue, et je reconnus un de mes confrères, un écrivain, un poète, épris certainement de fantaisie décorative, et qui souhaita, aussitôt les premières formules, que nous prissions sièges, que nous devinssions spectateurs au lieu d'acteurs; que nous vissions, confortablement, tout ce que nous avions à notre tour le droit de voir, assis.

Quelques généralités trop générales pour que je les reproduise ici; quelques particularités trop particulières pour que je les reproduise ici, nous aidèrent d'abord à absorber d'une bière assez lourde, fabriquée dans les bruyères limbourgeoises par de silencieux trappistes; cette bière obéit à la règle de l'ordre en déprimant et alourdissant les colloques des séculiers. Puis mon interlocuteur m'adressa quelques remarques sur les petits martyres inhérents à l'originalité. Il parlait d'art; mais évidemment d'antérieurs mécomptes, d'anciennes petites blessures causées par des railleries, revivaient, de quelques regards sans indulgence, qui gravisaient le pantalon jonquille, et le veston flori-floré pour aboutir à l'indolente floche blanche. Ce furent ces regards qui déterminèrent mon compagnon à m'offrir de délaisser cette digue banale et bourgeoise, et à nous enfoncer dans les rues hantées d'aborigènes. A vrai dire nous avions vu les principales curiosités : une jeune peintresse qui semblait un garçonnet, un jeune peintre imberbe à figure de jeune femme, un vieux peintre qui avait voué sa vie aux ânes de luxe bien harnachés, pérorant avec un vieux peintre qui avait dédié la sienne aux taureaux et aux génisses, et la marmaille ne nous frappait plus. Nous entrâmes dans les ruelles, mon compagnon me fit visiter les exotismes (pour les gens de la digue, ceux du village sont des exotiques et réciproquement) : c'était un magasin de poteries, un magasin de poupées chargées d'un spécial luxe villageois.

— Il nous reste, dit-il, le marché aux poissons ; c'est une criée, les gens sont singuliers et décoratifs ; allons.

De grands gars en blouse rouge vidaient sur le sol des paniers, et la fraîcheur encore vive des poissons de mer, leur ventre blanc, leurs capes brunâtres, à points rouges, et tout auprès les valves bleuâtres des moules, et le pourpre et l'acier des saumons découpés nous intéressèrent. A côté des gars en vareuse rouge qui rangeaient par lots leur soles, leurs plies, un homme aux allures plus bourgeoises criait, notait l'enchérissement comme partout. A un moment cependant que le crieur vantait quelque frétin, j'aperçus mon martyre, ma victime des gens sonores de Zeele. Il achetait rêche et presque navré, l'air morne et les doigts pauvres.

— Vous connaissez cet homme? dis-je à mon compagnon.

— Mais, attendez. Mais oui, c'est le père

Krollebol ; mais il n'est pas ici, c'est impossible.

— Pourquoi ?

— C'est impossible.

— Il est à Zeele, lui dis-je, et puisque vous le connaissez, pouvez-vous m'expliquer pourquoi il y est en butte à toutes sortes d'aubades, et pourquoi on le suit en imitant le cri du corbeau ?

— Ça, je n'en sais rien.

— Mais vous paraissez au courant...

— Je ne sais pas en quoi il incite les gens de Zeele à pousser des cris d'orfraie ou de corbeau ; mais je le connais.

— Qu'est-ce que c'est ?

— Un ancien rond-de-cuir, un pensionné : en France on dit, je crois, un retraité ; il mange librement sa pension près des flots, par goût ; à force d'avoir vu des dossiers et des cartons verts, il s'est passionné pour l'air libre.

— Mais pourquoi le hue-t-on ?

— Vous connaissez sa fille.

— Je l'ai vue; c'est sa fille ?

— Ah! vous brûlez! elle joue bien mal du piano. (Les colères esthétiques de mon ami étaient vives et verbeuses; je coupai).

— Est-ce là tout ?

— Et elle chante encore plus mal ; si vous l'entendiez charcuter la prière d'*Elsa* (il fredonna).

— Cher ami, je ne l'ai point entendue.

— Vous l'entendrez.

— Mais est-ce sa musique qui l'a rendue, comme vous semblez le dire, impossible ici?

— Oh non, nos braves paysans n'entendent rien à la musique. Au contraire plus c'est faux...

— Alors.

— Alors, plus ils s'y plaisent.

— Non, ce n'est pas cela. Qu'est-ce qui distingue cet homme, cette femme, et les rend particulièrement répulsifs et intolérables à vos riverains?

— Vous avez vu le père Krollebol et son aspect d'homme rangé, méticuleux, il est d'une bourgeoisie à la prud'homme.

— Oui, sauf les yeux.

— Vous avez remarqué les yeux?

— Oui.

— Ils flambent trop, et n'est-ce pas, trop fixe?

Oui; mais, dites-moi, qu'a-t-il de spécial, hors ses yeux, de particulier?

— Eh bien, c'est Cinyras.

— Ah! bah...

— Oui...

At scelus incesto Cinyræ crescebat in alto.

Et, c'est Myrrha.

— C'est amusant, j'aurais dû deviner; il n'est pas beau.

— Elle n'est pas belle.

— J'aurais cru la morale de vos paysans

peu sévère ; je ne comprends pas, si abject soit le personnage, leur tolle...

— En pratique et entre eux ils sont indulgents ; en théorie, et appliquée aux étrangers, ils sont sans pitié ; et leur moyen de sévir, c'est l'expulsion. Peu leur importe que le monsieur aille continuer ses farces à un village plus éloigné ; ils se bornent à le chasser du leur. Et ce malheureux a fait bien des villages. Il vous intéresse ?

— Pas autrement, c'est cette persécution sans cause apparente qui m'intriguait. Son affaire n'a pas de couleur, ça doit être simplement du vice sale.

— Exactement, je sais que le père Krollebol employé... je ne sais plus où, a marié sa fille et qu'au bout de six ou huit jours il en est rentré en possession. Les uns disent qu'elle s'est enfuie délaissant un époux vite jugé et pesé ; d'autres, que c'est l'époux qui l'a reposée sur le bord des routes libres. En tout cas, il y eut scandale, racontars, et ce que je vous dis fut articulé. Ils s'en allèrent à Loo, un petit village tout au sud de notre côte. Qui découvrit leurs rapports? Je n'en sais rien; mais on les honnit, on les chansonna, on troubla leur sommeil, et l'ensemble du village jugea que leur propriétaire devait leur donner congé.

— C'est le moyen?

— Oui, le moyen, sans autre scandale. Que voulez-vous qu'ils fassent? Qu'ils plaident. Ça ne peut pas les amuser; ils entendent déjà les témoins. Et alors, ils s'en vont plus loin, évitant pourtant les villes, où ils seraient peut-être plus tranquilles; sans doute, faute de moyens. Et ils ont remonté la côte, jusqu'à Zeele : où iront-ils après? Ici, on leur a fait comprendre qu'il valait mieux partir.

— Mais pourquoi imite-t-on autour d'eux le cri du corbeau?

— Il y a deux versions : la première, celle-ci : que d'abord en sa vie de plage,

plage l'hiver, et plage l'été, le bon Krollebol voulut augmenter ses ressources, ou diminuer ses frais de cuisine, en basant son ordinaire sur les mouettes. C'est depuis un an ou deux que ces oiseaux sont protégés sur nos côtes, et peut-être a-t-on surtout visé à sauvegarder l'été, la vie des promeneurs, car avec ce droit de chasse permanente sur la ligne de plage, cela devenait très imprudent. Tous nos gamins partaient avec des fusils... On donna à la loi un caractère global, on sauvegarda et promeneurs et mouettes. On dit que, depuis, le père Krollebol, déniche, achète, se procure des corbeaux et les mange : goûts spéciaux ou économie.

— Et l'autre légende ?

— Elle a plus d'allure. Elle raconte qu'au deuxième, troisième ou quatrième village que ce peccant errant hanta, il advint que son histoire fut lente à franchir l'espace des villes où elle était chronique jusqu'au havre qu'il avait choisi. Il eut le temps de se lier avec des notables, des bourgeois semi-paysans, et il y avait, l'hiver, dans la maison du bord de la mer, des thés musicaux, où la voix de mademoiselle défiait les fracas de tôles du vent et appâtait les mouettes comme d'un signal émis par leurs éclaireurs. Et le citoyen Krollebol prenait pied. Il y eut des dîners priés, des dîners rendus ; il commença aussi à s'occuper de quelques affaires, cédant à ses rêves d'argent et assez imprudent pour rivaliser avec les gens du pays et leurs menées de lucre. De là, hostilités sourdes, et le citoyen se vit, en cette lutte avec le menu fretin du pays, abandonné par ses récents commensaux ; que dis-je, abandonné, il lui sembla, car il est soupçonneux, entrevoir leur influence au fond des machinations ténébreuses dont il se sentait l'objet. On dit qu'alors, s'inspirant de Shakespeare, car il a des lectures, il offrit à ses amis de campagne revus et réunis pour la circonstance un dîner de corbeaux, soupe aux corbeaux, corbeaux déguisés en pigeons, pâté de corbeaux, etc., et se donna le luxe de le leur dire ; de quoi la grosse épouse du bourgmestre se sentit immédiatement enfler, et la fille de l'échevin parcourut le pays par la nuit livide, en déclarant, à voix turbulente et affolée, que des cisailles singulières lui mordaient les intestins. On dit qu'il fut gourmé ou se gourma avec quelques-uns de ses convives de marque. Bref, il était vengé, mais nolisait bientôt sa nef errabonde jusqu'à un autre point de la côte. Maintenant vous en savez aussi long que moi.

Malgré cette dernière histoire, je le trouve bien bourgeois, banal et sans caractère.

Quelques généralités, quelques aperçus, et je quittai mon obligeant ami qui repartit sur la digue se mirer dans des regards étonnés tandis que je regagnais mon village.

III

Sans caractère ? eh bien ! pas tant que cela, pensais-je en m'en revenant par une petite route sans arbres, plantée tous les trois cents mètres environ de maisons de paysans avec cette enseigne peinte en noir sur le crêpi blanc du mur : « Ici, on vend à boire », et, entre elles, des pacages, où des chevaux lourds, mis au vert, bondissaient, et des vaches se reposaient, l'herbage dans les yeux. Ce jeune homme que je quitte est un romantique ; il aimerait un crime à son gré rembranesque, ou dantesque ; il évoque un vice à grandes allures : pour lui, les grandes allures, c'est un pourpoint de velours noir, un collier d'or, un air fatal, un gant mélancoliquement tenu à la main ; le péché lui apparaît beau quand il est de provenance exacte renaissance italienne, ou période de la pléiade anté-shakespearienne, avec du porto épicé, un clown mafflu et égrillard, une mistress Quikly en forme de bonbonne, de l'incrédulité, de l'esthétisme, de la gloutonnerie, des coupeurs de bourse, et un peu de sang aux tables de basses tavernes, où, peut-être, la décadence romaine étant banalisée, une orgie chez Samson, où le soleil pâle avertit qu'il faut vite vider la dernière coupe et aller attendre la charrette.

Il n'admettrait, dans la galerie des criminels, chez Balzac, que Vautrin et son prototype Argow le Pirate, et sous réserve..., ou bien une putrescence scélérate à fond de vitraux et d'orgue, du feuilleton d'après Poë ou Baudelaire, le haschich ennoblissant les choses. Evidemment... mais si le caractère est une adéquation très accentuée des choses ambiantes (il peut être cela ou un contraste violent d'avec ce même décor et milieu, les deux chemins mènent à Rome), le père Krollebol n'est pas dépourvu d'une certaine saveur, avec sa face de bedeau, ses yeux d'assassin, ses mouvements patelins, les élans débridés qu'on lui peut supposer, son costume noir, ses rêves peut-être rougeâtres, comme un fond d'enfer en ciel d'usines. C'est peut-être la figure du crime de ce pays, et je regardais la large platitude avec ses accessoires si parfaitement, si généralement ruraux, et la dune mortellement morne avec ses sinuosités en vallées, et ses buttes en montagnes et sa végétation dure, rêche, brutale, pauvre et tordue sous le poing régulier du vent. Le crime! évidemment le crime bourgeois, partout différent de celui des rouliers, des blousards, des haillonneux, des rapiécés, de ceux qui portent le chapeau troué, et cabossé sur leurs yeux, et un mouchoir bleu sort de la fente-poche d'un pantalon de terrassier. Ici, ce crime bourgeois doit être, avec des bouillonnements de folie, au fond, bénin, doucereux, d'allures glissantes.

Elle s'évoquait en moi, la petite ville, négligée des grands express, avec sa petite gare, sa fabrique principale qui allonge de vastes murs de briques, recouvertes de ciment, avec l'orgueilleux étalage d'un nom commercialement notoire ; la rue large qui s'ouvre entre des cabarets, et qui s'en va vers l'église, autour de laquelle se serrent les maisons ; et là ce grand cube gris de maçonnerie, c'est la brasserie, et là-bas, ces wagons verts, en attente, c'est le petit tramway à vapeur qui sillonne les houblonnières, les cultures, les petits villages avec leur maison communale, « A la cour du roi d'Espagne, » « Au Lion de Flandre, » et partout l'on vend à boire, sauf chez le forgeron, le charron et la petite boutique où s'empoussièrent les denrées, avec des pipes dans un verre, et quelques rouenneries à la fenêtre.

Sur la grande place de la petite ville, devant l'église, intérieurement barbouillée de maladroites polychromies, et quelles religiosâtreries de carton peint, comme si l'église avait consigné à la porte de son paradis la bonne peinture, et se gardait contre elle de la hallebarde flamboyante du bedeau ; quelques maisons gardent les vieux toits à pignon, mais elles sont blanchies et, dans leurs chambres spacieuses et hautes, rien ne reste du beau vieux temps, ni plafond pittoresque, ni meubles, ni ferronneries, mais tout demeure du bon vieux temps des acajous, des chapeaux Paméla, des redingotes à la propriétaire, des guêtres. La pendule est empire, le mobilier est Louis-Philippe (peut-être les bourgeois du temps de Louis-Philippe n'achetaient plus de pendules neuves). Si quelque part une exception s'est faite, c'est pour quelque buffet horriblement fouillé, quelque vaissellier prétentieux, d'incommodes fauteuils, horreur imitative et à bon marché de quelque modèle mal choisi, car toute province a son particularisme, et on le flatte fructueusement d'un peu de simili-bric-à-brac. Et dans toutes ces maisons sommeille le coffre-fort avec les mêmes deniers, les valeurs des compagnies industrielles, le pourcentage du gros effort ouvrier et de l'occasion guettée patiemment, les valeurs de ville solides comme leurs clochers, avec la chance d'une aubaine au tirage. Un carillon, tous les quarts d'heure jette sur la ville son début de valse ou de romance, et les dimanches d'été, dans un désert blanc, où les maisons semblent des tombes de marabout dans les plaines brûlées d'Algérie, le tintamarre correct et classique des cloches. Et alors au bout de cinq minutes, d'un temps d'attente correct, sans impatience, le temps de boutonner un gant, les portes s'ouvrent, et les fillettes en chapeaux roses, et les jeunes filles mariables en robe grise.

et les fortes matrones en robes noires, l'une après l'autre, discrètement s'écoulent sur le pavé, le paroissien à la main; et les messieurs en redingote dure, et des pas lents se dirigent vers la grande porte large ouverte de l'église où des cierges luttent avec le jour, et un petit prêtre, sur la place, tout en donnant un ordre circonstancié et long à un gamin, semble prêt à noter les absences. Après vêpres, on s'égaiera d'une promenade jusqu'à mi-route du prochain village, les robes roses rieuses précédant les robes grises, auxquelles se sont accrochées, comme à des remorqueurs, les robes noires, et les paysans dignes, déjà un peu remplis de bière, mais d'autant plus rigides, entrent en files dans les estaminets sans journaux, si nombreux, et saluent les redingotes dures qui font un tour de place. Il n'y a qu'un matin de bruit et de fracas : le jour du marché; alors les paysans qui se sont mêlés à l'éveil matinal de la ville, qui ont fait leurs affaires, parmi l'alléé et la venue bavarde des ménagères, et les propos, et les confidences de ménage, et les communications de recettes, chantent un peu partout, et puis ils repartent dans leurs chariots, par leurs trains, et la ville retombe à son calme silencieux, où l'on marche lentement, où l'on voit passer à heures fixes le médecin, le notaire, le curé; et leur pas d'autochtones ou de naturalisés dès longtemps est plus lent, plus stable, que celui des fonctionnaires de l'État; parmi ceux-ci il en est de jeunes, ils courent presque en marchant, cela se remarque, ils se couchent à onze heures du soir, cela se sait; ils passent ces heures de soirée au café, cela se blâme. Mais quelquefois dans ces cités recluses, pas souvent, pas même tous les dix ans, en ces halles monacales, ces villes silencieuses comme des sanatoriums, qui ne résonnent que pour la vente et l'achat, en ces villes de digestion tranquille et de repas tiède, un déplacement inusité, des gens de justice : c'est un homme riche qui est mort un peu subitement, ou un homme moins riche qui a négocié une assurance sur la vie au profit de quelque parent. Celui-ci a trop bien dîné, il est mort. Il est des cuisinières qui sont un peu Locustes, mais aussi il y a des gens qui aiment trop le vin vieux et les liqueurs de Hollande. Enfin bruit, propos, scandale, procès ou non-lieu; mais parfois dans ces villes, alcôves de bonnes consciences et de sommeils replets, cela arrive, et cela cadre avec tous les petits crimes d'extorsion, les marchandages douteux, toutes les saletés bien moralement exécutées, qui se fardent, de ces façades correctes, comme d'une lèpre blanche.

Et je voyais mon bonhomme vivre dans ce milieu de puritanisme, installé avec facilité pour le culte du veau d'or; je le voyais cauteleux, dissimulé, ondoyant, hypocrite, désespéré.

Les maigres appointements dans ces villes de vie bon marché et médiocre, et dans cette artificialité, dans ces usages et cette surveillance mutuelle affadissants comme la chaleur d'un poêle dans une petite chambre, son cerveau se désagréger, ses fonctions devenir machinales, son esprit s'aplatir, et seule une curiosité de débauche s'introniser en lui, s'exacerber, le dominer, contrariée par des voix d'avarice, mais parlant aussi haut qu'elles, et les dominant parfois, et la rauque Vénus populacière sonner ses appels de cuivre devant le parloir de son cerveau, où les fesse-mathieux de ses volontés rognaient des liards.

A cet instant, je le vis bien réellement assis, seul, sur le revers d'un talus, à la main un bouquet des maigres fleurettes de la dune, comme l'autre jour; il avait apparemment, en plus de tout, le culte de la petite fleur bleue, il était complet; il regardait devant lui, vague avec un reflet des pâturages dans les yeux. Il m'entendit venir Il tressaillit comme un homme réveillé, j'étais à une vingtaine de pas. Dans ces campagnes l'habitude rurale de jeter à tout passant un salut, un bonjour n'est pas éteinte, et beaucoup de baigneurs s'y conforment : ce fut sans doute pour cela, et en souvenir de nombreux coups de chapeau qu'il avait prêtés et qu'on ne lui avait pas rendus, qu'il sembla brusquement très occupé à ramasser à ses pieds quelques fleurettes échappées. Il y eut dans ce mouvement beaucoup d'humilité, et je sentais pourtant que ses yeux avaient dû reprendre leur expression brutale, luxurieuse et madrée; je l'observai un instant, il se leva, l'air distrait, comme percevant de nouveaux chármes à la nature, il interrogea le ciel du regard, fut hésitant, puis s'enfonça à pas rapides dans la dune. Je continuai ma route; à distance devant moi une paysanne poussait une vache, zigzaguant et braillant une chanson répandue : « Je suis sergent, au premier régiment, ra ta plan, ra ta plan, plan plan. »

Tout de même l'humilité, d'une minute, de cette attitude m'avait surpris et plutôt disposé à croire peut-être à une exagération dans les bruits courants, à une exagération de paysans. Il suffit d'une histoire mal interprétée pour qu'une légende se bâtisse, et ces paroissiens vont vite, et quels romans s'agglomèrent autour de racontars de servantes congédiées. Peut-être tout cela était-il simplement fantaisiste ; ah ! quoi, me laisser la tête occupée de ces sornettes. Y' a-t-il là autre chose qu'une des mille petites luttes engagées partout entre le rustre et le petit bourgeois pour des bénéfices auxquels ils prétendent tous deux? C'est dans cette couleur de sentiment et regrettant presque l'heure perdue à écouter ces récits que je rentrais à l'auberge.

La salle était remplie de joyeux compères, appuyés sur leurs grands arcs, le carquois de fer-blanc badigeonné de vert leur pendant à la cuisse ; les gaillards avaient dû aller viser le papegai dans quelque commune voisine et en revenaient assez émerillonnés avec, certainement, un demeurant de soif, car l'hôtesse virait tenant à la main le plateau léger d'aluminium sur lequel tenaient six verres clairs de bière blanche avec le bonnet de mousse de rigueur, tandis que son féal époux manœuvrait sans relâche sa pompe à bière, et l'hôtesse, circulant parmi le groupe depuis ceux qui s'asseyaient aux tables jusqu'à ceux qui saisissaient les queues de billard, souriait à leur dépense. La face de l'hôtesse, à l'état calme, et quand elle suivait ses ordinaires rêveries, affectait un peu cet aspect qu'on dénomme la porte de prison ; quand elle voyait sourdre des bénéfices, cela ressemblait plutôt à une porte de lieu suspect. Quelques-uns des buveurs, selon une vieille coutume de ce pays, lui présentaient leur verre afin qu'elle y trempât ses lèvres avant de boire eux-mêmes ; et d'autres archers entraient, en gaudriolant. L'heure était mal venue pour écrire, ou méditer dans ma chambre ; je restai là à les regarder, eux et le va-et-vient du plateau chargé de verres. Déjà on avait appelé à la rescousse une grosse servante, car leur soif était nombreuse et pertinace. Et les pipes accumulaient sur leurs têtes des brumes bleues. Ils allaient et venaient dans la salle basse entre une immense affiche où un fabricant allemand avait déposé en réduction toute une série de lanternes japonaises ou vénitiennes, de pavillons de toutes les nations qu'il jugeait propres à lui être commandées en ce pays ; des affiches de ventes de maisons, d'adjudications de fournitures de légumes, de gracieuses chromo, émanées des compagnies de chemin de fer avec des Suisses, avec des Bosphores aux tendres vernis, et l'affiche énorme d'une compagnie de navigation, un marin au cabestan, près du steamer presque aussi grand que le marin et au-dessous, des invites à l'émigration et aux voyages d'aventures, et le brouillard âcre augmentait. La porte du fond s'ouvrit; un d'entre eux rentrait secoué de rires, et communicatif, égrillard, et tout de même un peu mystérieux, il en emmena un autre qui revint tout hilare, et chacun à son tour disparaissait et revenait la joie aux lèvres et la face fendue de rire. Il y en eut un (peut-être trouva-t-il à ma gravité un air paria) qui me fit signe de le suivre. Quelques-uns des rustres hoquetaient de joie : dans un grenier sis au-dessus de ma chambre, on me fit place à la lucarne en me désignant le point spécial qui déchaînait tant de gaîté. C'était le jardin du père Krollebol. Il se promenait langoureusement avec la demoiselle, le bras passé autour de sa taille, elle la tête abandonnée sur son épaule, et c'est cette allure idyllique qui déchaînait tous ces rires, et la gorge gonflée de la jeune personne, et l'air de sucre candi du bonhomme leur donnaient l'impression de tant de drôlerie, que quelques-uns, j'avais rapidement cédé ce poste d'observation à un plus digne, aussitôt leur verre vidé et revidé, s'égaillèrent parmi les jardins pour lancer leur perpétuel croa-croa.

— Il est rentré chez lui, me dit un des buveurs. Il va bien s'amuser avec la demoiselle.

Je compris alors quel sens spécial les gens de ce pays attachaient au mot s'amuser.

IV

Sur ces entrefaites Mlle Krollebol flanqua à la porte une servante qui l'avait volée. La fille se répandit dans le village en racontant qu'elle avait été outrageusement frappée et qu'elle avait à peine esquivé les coups d'un instrument terrible. Elle était bien certaine que c'était un maillet ou un marteau que brandissait contre elle la dextre vengeresse. Des sages pensèrent que ce devait être plutôt quelque cuiller à pot; mais dans quelle assemblée, soit de ville, soit de village les sages firent-ils jamais prévaloir leurs ternes appréciations ! Ce renvoi fut l'origine, par une belle nuit étoilée, déjà un peu froide et automnale, d'un sabbat soigné muni de toutes variétés de graillements. En plus le père Krollebol jugea qu'il convenait, qu'il était possible, plausible, nécessaire, dicté par sa tenue, son droit et son devoir, de s'adresser à la justice de son pays pour retrouver quelque objet, semble-t-il précieux, et certainement dérobé. Or voici comment opère en ces pays la justice ; elle informe et de telle manière : deux gendarmes détachés du centre voisin à cet effet s'en viennent un matin, fumant et musant par la route connue, la carabine en bandoulière, à un pas d'apéritive promenade. De loin, on les aperçoit et, à l'entrée du bourg, leurs amis sont déjà réunis pour leur serrer la main et leur offrir un rafraîchissement prestement expédié, il est vrai, mais jamais refusé, sauf au cas exceptionnel de poursuite acharnée d'un délinquant détalant. Les gendarmes procèdent ensuite quelque peu à une information générale qui vise plutôt l'ensemble de la question que ses détails particuliers. Ils débrouillent le milieu; plus précisément ils réunissent des notes sur l'état psychique, sur les états normaux, ordinaires et exceptionnels des personnages qui les occupent, accusés et plaignants. Ils souhaitent faire causer et recueillir quelques documents topiques pour éclairer leurs supérieurs, les mettre en présence d'états d'âme bien surpris. bien traduits. Or quel meilleur endroit, et plus propice que la plus confortable auberge, la plus visitée, celle où l'on converse, ou plus tôt quel autre endroit ! Donc les gendarmes y vont. Ensuite pour que personne n'ignore plus dans le pays du but de leur excursion, ils se rendent délibérément chez le plaignant, de sorte que et non point afin que, l'accusé soit dûment prévenu, et ait eu le temps, s'il recèle quelque chose de suspect, de le bien dissimuler. Alors seulement, après s'être fait éclairer sur le sujet de la plainte, armés, déliés et judicieux, ils se rendent au domicile de l'inculpé et opèrent une perquisition généralement infructueuse. Ils consignent ce résultat dans leurs tablettes et repartent avec tous les éléments d'un rapport.

Cette visite de la force publique et l'insuccès de leurs recherches dans la cambuse des soupçonnés qui firent immédiatement par les rues et les places des promenades destinées à montrer à tous leur air franc, honnête, leurs mains nettes, et sur leur visage la satisfaction d'une conscience pure, montèrent encore les esprits des villageois ; de son côté, le père Krollebol enchanté de l'aménité des gendarmes, qui bien reçus avaient laissé percer un caractère familier et ouvert, droit et scrupuleux, comme il convient, avait laissé l'imagination lui ouvrir ses palais d'illusions aux parcs verts et bleus. De ce que sur la face naïve et martiale des soldats d'élite il n'avait pu percevoir la moindre ironie, mais au contraire un tantinet de déférence, il se voyait, grâce

à eux, à leur délicatesse, à leur amour de
l'ordre, protégé et vainqueur de ses ennemis. Il relevait la tête ; on verrait si des
villageois viendraient à bout d'un ancien
employé dont les loyaux services étaient connus, d'un membre des classes dirigeantes!

Ce qui fit que, passé midi, le bonhomme
étant chevillé en énergie, les paysans doucement bercés par des rêves de mauvaises
farces impunies, et baguenaudant sous un
joli soleil à l'heure où ils n'ont rien de
mieux à faire, le père Krollebol et sa demoiselle allant humer l'air, firent route au milieu d'un colossal bacchanal, et cette fois à
peu près en face, les paysans hurlant de tous
les cabarets à plein cœur, à pleine gorge,
ajoutant à l'usuel corbeau tous les animaux
de la création dont le cri leur était connu,
émaillant leur concert de phrases en langue
vulgaire, grossières sans doute, intelligibles
certainement, et l'on vit calme sous la tempête, avec l'aide de mademoiselle, un peu

vacillante certes et pâle mais composant son maintien, le père Krollebol noter les noms de ses insulteurs, le carnet fébrile le crayon agité, mais faisant son métier; et, comme un paquet formé de feuilles de chou, sans nul doute, inutiles et peut-être déjà méphitiques avait fait tomber son chapeau, il le ramassa, le remit sur sa tête, et froidement, pendant que mademoiselle poussait un cri, il écrivit, referma le carnet, reboucla sa redingote et s'écria : « Tout cela sera rapporté. » Les paysans se dispersaient; en somme le terrain lui restait ; la brutalité avait paru excessive, c'était prêter le flanc, c'était un acte ; les fortes têtes se hochaient, Il y avait des témoins. En effet quelques promeneurs que les cris amusaient, avaient en somme protesté, sans intervenir aucunement d'ailleurs; le père Krollebol s'avança sur eux très poliment :

— Messieurs, vous voudrez bien, j'espère être témoins de ce qui se passe ici.

Ce fut suivi de mille inclinaisons de tête, de paroles confuses, et comme j'arrivais n'ayant vu que la fin des incidents, le père Krollebol s'adressa à moi :

— Monsieur aussi, n'est-ce pas ? Et sans me laisser le temps de répondre, il prit sa compagne sous son bras et s'éloigna du pas d'un général d'armée qui vient de livrer une bataille indécise et se cambre pour la prochaine lutte.

— Ah ! mais non ! s'écria dès qu'il fut à vingt mètres un gracieux jeune homme, ah ! mais non, que je vais aller m'ennuyer à répondre à des gendarmes, à signer des déclarations, peut-être à être dérangé cet hiver, en cas de procès ; ah ! mais non, que je ne me dérangerai pas pour sa satanée bobine ?

— Pourtant, Alfred, dit une femme d'âge, ces gens-là sont bien brutaux.

— D'accord, reprit Alfred, mais...

— Monsieur a raison, affirma un homme

grave. Si vous saviez quels ennuis cela cause ; j'ai toujours préféré personnellement ne pas plaider, ne pas porter de plainte lorsque j'ai été lésé, depuis une fois que... voici ce qui m'arriva.

— En tout cas, coupa impoliment Alfred, je m'en débarrasse! pour parler élégamment.

Les quelques personnes présentes, comme toujours dominées par l'énergie d'un avis, opinèrent de l'œil et de la tête.

— Savez-vous, Monsieur, me dit l'homme âgé, que s'il dépose une plainte maintenant, cela ne se jugera qu'à l'hiver, et si vous êtes témoin, vous serez forcé de venir à G... où cela se jugera.

— Oh! non, pas moi, lui dis-je, je suis étranger.

— Mais nous, Monsieur, qui habitons tous les grandes villes de ce pays, nous serons touchés par la citation, et si nous ne venons pas, c'est une forte amende. Il en prend à son aise, ce monsieur!

— Avec ça que.., dit d'un air profond, s'arrêtant, les sourcils haussés sur le lac indéfini de perspective qu'il ouvrait, un monsieur lorgnonné entre deux âges, qui finalement se dressa un instant sur la pointe de ses escarpins balnéaires et graduellement redescendit sur terre, calma ses sourcils et entr'ouvrit un sourire.

— C'est sûr, fut-il riposté avec l'ensemble d'un chœur...

— Ça est un... traîna à mi-voix et les lèvres pincées, une des dames...

Les chances du père Krollebol diminuaient comme sa silhouette au lointain.

— Ils sont drôles, murmura une jeune fille à ses compagnes,... et toutes pouffèrent puis retombèrent à un mutisme délicat, l'air d'attente respectueuse mais poussée aux limites, de savoir bien qu'il ne faut pas dire : « Eh bien! on s'en va » devant les personnes âgées. Les moutards tiraient leurs mères par la main et un des plus petits notifia qu'il avait faim.

— Alors, dit la dame entre deux âges, il faudrait se donner le mot.

— Mais oui ! mais oui... et un très bref colloque décida qu'on n'avait rien, rien vu, que des paysans criaient entre eux, que des enfants jouaient entre eux et lançaient des choses dont une, par mégarde, avait pu atteindre le vieux ; qu'on ferait bien de tancer les marmailles, mais qu'il n'y avait pas de quoi fouetter un chat.

— Pourquoi se mettre mal avec tout le pays, articula en partant une dame franche ?

— Vous avez bien raison, Madame, reprit le vieux monsieur ; moi, mon principe est, et il marchait à ses côtés, se remboursant de son approbation par un récit...

— Eh bien ? dis-je à mon aubergiste, debout à sa porte sur ses pattes héronnières, les mains croisées par derrière le dos, et sa face de casse-noisettes ouverte par le rire, comme une clef anglaise à bec rond développée à l'extrême.

— Ce n'est rien, Monsieur, ils s'amusent.

Et j'admirais encore une fois la variété d'acception qu'a dans ce pays le mot s'amuser.

Le bonhomme porta plainte ; mais d'abord quand on se plaint deux fois de suite, fût-ce au plus zélé des pouvoirs, on semble abuser ; on n'accuse pas encore le gêneur d'y prendre plaisir, de s'en faire un sport ; mais on envisage un peu les choses sous ce jour. Les gendarmes ne se pressèrent pas le premier jour ; le second il y eut quelque kermesse dans le voisinage qui réclama un développement total de la force armée ; puis le troisième, autre chose ; si bien que les deux soldats d'élite ne surgirent à l'horizon que le quatrième jour après l'algarade, ayant reçu de nouvelles lettres, ayant été l'objet de nouvelles démarches, qui, vu les sévices continuant, grossissaient la liste des noms incriminés et commençait à y faire figurer la plus grande partie du village. Pendant ce temps, dans les rues, sur la plage, Krollebol avait eu l'attitude de Fabius Cunctator, et sa fille celle de Penthésilée, le tout tempéré par des saluts plus corrects, à la fois confiants et cérémonieux à la colonie étrangère, et des diplomaties, oh ! sans se jeter à la tête des gens. Ils savaient leur monde, ils attendaient patients, stoïques et forts. Les deux soldats d'élite au matin du quatrième jour, eurent tant de gens à voir, à interroger, qu'ils n'en finissaient pas. Tous leurs amis du village allaient être molestés, et que de cabaretiers ! ils entrèrent partout, partout furent bien reçus, partout trinquèrent. Ce fut un festonnant cortège qui alla recueillir les anodines dépositions de quelques baigneurs ; puis amicalement les amis, déjà vus en particulier, vinrent faire avec eux un bout de causette, tout en dehors de l'affaire et du service, à l'enseigne du Zonneblom, si bien que ce furent les sages du village et l'aubergiste madré qui les dissuadèrent d'aller tancer d'importance et houspiller les Krollebol, leur faire sentir qu'on ne se fichait pas de la gendarmerie. Les pacificateurs furent aidés, en cette circonstance, par la divergence d'avis des deux militaires, dont l'un, le supérieur, était partisan d'une admonestation sévère et même menaçante au père Krollebol, tandis que le sulbaterne indiquait, avec une amicale insistance, qu'il valait bien mieux profiter de la situation pour être un peu galant envers la demoiselle. Et après leur départ, soigneusement bourré de poignées de mains, de compliments aux amis, d'offres d'un dernier verre, de rendez-vous pour les jours prochains, les gens du village se sentirent l'âme fort tranquille.

V

Sur ces entrefaites j'allai flâner à Zyte, mon intention était d'entrer au Kursaal, d'y trouver quelques journaux. On a la chance d'en rencontrer de Paris, qui vous font plaisir, comme un écho de préoccupations un instant délaissées, qui sont un condiment à la solitude qu'on s'est ménagée ; s'ils manquent, on se rabat sur les journaux locaux et l'on peut se distraire une minute comme à la vue d'un microcosme, comme un sage peut regarder un bocal de poissons rouges, ou bien un marché dans une villette, entre deux trains. Il y a des polémiques dont on ne connaît ni le point de départ, ni le but, dont certaines allures peuvent charmer l'étranger, et d'incompréhensibles faits divers, et des notations fines des beaux esprits de province ne sont pas toujours sans accent pour le dilettante. Il y a là des bâtons rompus, de l'imprévu dans le terne, et les mercuriales même peuvent être gonflées de menues surprises, un peu contrastantes avec la beauté fixe de la mer. J'y trouvai encore mieux : c'est-à-dire mon ami et confrère, mon obligeant narrateur de l'autre jour. Il était vêtu fort à son gré, avec une jaquette de coutil rosé, mais rosé à en être rose, un pantalon de même couleur et un chapeau qui, quoique de paille, affectait la forme et la rigidité d'un chapeau melon ; au surplus, goudronné extérieurement, ce qui augmentait sa dose d'utilité et son pouvoir d'illusion.

— Comme vous êtes beau ! lui dis-je.

— Oh, c'est léger, dit-il avec un charmant sourire, et tout à fait, vous voyez, un approché du costume de ville, une transposition pour la plage ; d'ailleurs un déjeuner de soleil. Je me disposais à venir vous voir.

— Moi, je m'arrêtais ici, un instant, pour les journaux, et puis je vous eusse cherché.

— Oh! les journaux, ce n'est pas la peine d'y compter; des familles allemandes les accaparent, et les étudient pour apprendre le français. Bonne idée! n'est-ce pas.

— Voulez-vous nous promener?

Nous descendîmes sur la plage, et déambulâmes tant bien que mal parmi les fillettes, les tennis, les cabines de bains, les cordes séchoirs, et gagnâmes l'extrême bord tranquille et calme.

— Eh bien, vous avez eu des événements, notre Krollebol?...

— Oui, oui; mais dites-moi pourquoi ne s'en vont-ils pas?

— Ils le devront, reprit-il. Voyez-vous, ils n'ont personne pour eux. Le clergé qui peut tout ici, ne s'en occupe pas. Le clergé subordonne tout aux nécessités de sa politique, et se gardera d'être impopulaire. Et dans nos villages flamands, si vous saviez tout ce qu'ils replâtrent ! beaucoup de nos paysans vivent comme des bêtes. Le clergé accepte les faits et les rarrange par des mariages. Et si cela ne peut pas se régler ainsi, au moins ce sont des choses qui font partie de la vie courante du village, ça se passe en famille ; pour la tare ambulante et éclatante des Krollebol, il ne peut rien, et ne voudra rien ; tout ce qu'il pourra faire, c'est d'affecter de ne pas savoir ou ne pas croire. Les propriétaires du pays ne les soutiendront pas, pour ne pas sembler admettre leurs irrégularités, les paysans les haïssent, et cette classe intermédiaire qui se forme dans les villes de bains, la caste des fournisseurs ne le soutiendra pas non plus, d'abord parce qu'il est pauvre ou avare, les deux certainement, et aussi parce qu'il empiète sur leurs petits profits.

— Et comment ?

— Oh, certainement, il place des vins,

représente des bières, essaie d'être vaguement régisseur; tous ces gens-là sont un peu courtiers.

— Mais pourquoi ne s'en va-t-il pas?

— Il s'en ira : il sera évincé ; les paysans s'arrangeront, il ne trouvera plus de servante, à peine trouvera-t-il à acheter.

— Les villageois refuseraient un profit.

— Le boucher lui donnera des os, le boulanger du pain brûlé; ils seront inexacts, grossiers, ils voudront le plumer trop ouvertement, il se fâchera, ils en prendront texte...

— Mais pourquoi ne s'en va-t-il pas au loin, et, étant donné ce qu'on lui reproche, ne peut-il, ailleurs, paraître un autre, faire passer cette demoiselle pour autre chose qu'elle n'est, sa gouvernante, sa femme.

— D'abord il n'ira pas loin, parce qu'il lui répugnera de quitter un pays bon marché, où il n'y a pas de droits indirects; on vit facilement, ici, et avec des goûts grossiers, à très bon compte. Ensuite partout, sauf dans les grandes capitales, il est malaisé de s'échapper de son état civil; les inscriptions, les déclarations, tout le mal que les États s'imposent pour connaître exactement l'identité des étrangers !

— Et vous le dirai-je moi, peut-être de l'orgueil ?

— Chez lui ?

— Non, chez sa fille; je l'observais, et cette figure si ordinaire, si laide, m'a paru quand on les insultait, raidie par quelque fierté bizarre, quelque gloire de soi. En sa conscience, elle prétend certes, en palliatif, à l'originalité.

— Oui, dit mon interlocuteur; c'est la jactance du péché, le satanisme.

— Non, cher monsieur, l'orgueil féminin.

— Peut-être; je l'ai entendu raconter avec une certaine complaisance, comment sa délicatesse avait triomphé de la grossièreté d'un mari. Mais lui, comment est-il arrivé à cette conception de la famille ?

— Oh! cher Monsieur, vos petites villes piétistes qui emmaillent l'homme et l'épient! Krollebol a dû après avoir perdu sa femme, passer aux amours ancillaires, qui lui sont devenues impossibles quand sa fille a été grandette et a eu les yeux ouverts.

— Et puis alors, après ou avant le mariage de la demoiselle.

— L'un ou l'autre... peut-être, ces magots se trouvaient-ils réciproquement ce qu'il y a de plus beau dans le monde. La ressemblance opère de ces miracles. Ils ont joué franc jeu cette recherche de similitudes assaisonnée d'un peu de contraste qui est pour beaucoup de tempéraments le fonds de l'amour. Et si ce n'est pas cela, si leurs relations datent du retour à la maison familiale, la surveillance et l'espionnage même autour d'elle ne devaient-ils pas lui interdire toute fantaisie, un second mariage dans ces conditions était peu probable, et alors l'occasion, un beau soir. Ils auraient fait cela un peu comme des compagnons de prison.

— Très possible, très possible; tout de même un peu de satanisme.

— Si vous y tenez. Mais aussi ne l'oubliez pas, de l'Économie.

— Là, je crois que vous y êtes, vous avez raison.

Il y a cette après-midi à Ostende un concert, nous avons le temps d'y arriver par des trains. Cela vous sourit-il?

— Mais parfaitement, allons.

VI

Quelques années après, je revins dans ces parages. Je parcourus la côte et repassai par Zeele. Les Krollebol n'y étaient plus.

— Il y avait beau temps, me dit-on, qu'ils avaient décampé.

J'allais plus au nord explorant des coins très peu connus. Je découvris en Hollande un charmant village près de la mer, mais encore distant de deux kilomètres. Pas de chemin de fer, pas de tramway à vapeur; une voiture qu'on louait facilement vous y conduisait de la plus proche petite ville hollandaise. La route était assez longue, quelque quinze kilomètres ; mieux, l'hôtel, le casino, tout cela réuni en une seule maison, était tout à la cime des dernières dunes. Il n'y avait pas autour de cette restreinte installation balnéaire trois maisons. C'était tout ce que l'on peut rêver de plus calme, de plus détaché de tout, une halte au bord de la mer, un tourne-bride. J'y venais par un bel après-midi de dimanche. J'avais dépassé le village à la place gazonnée aux pieds d'énormes tilleuls, et ses rues pavées de briques, des chaînes accrochées à des bornes devant les petites maisons basses, d'où, derrière un écran bleu, des regards curieux et bienveillants, me suivaient, j'avais longé un sentier sous des saules, et arrivé au pied de la haute dune, où se prélassait le Badhuis, je me demandais comment j'allais faire gravir cet escarpement à ma bicyclette, lorsque d'une des trois maisonnettes sises là, je vis sortir un homme et une femme.

— Tu n'as rien oublié? dit la femme.
— Non ferme et viens.

L'homme ferma sa porte à clef, offrit son bras et je vis passer devant moi les Krollebol! Évidemment c'était leur nouveau terrier.

Je montai au Badhuis ; sur la mer déserte un steamer encore lointain laissait errer la trace fuligineuse de sa vapeur ; partout sous le soleil, c'était une fraîcheur liquide, les lointains verts de la mer et les lointains d'un vert plus noir de la terre parsemée de villages dormaient, au pied de la dune ; la plage de sable fin, séparée en damiers réguliers par les palissades de bois des brise-lames offrait une parfaite unité, une extraordinaire blancheur mate, immaculée comme un gâteau de cire blanche. La terrasse du petit hôtel, malgré la présence bien silencieuse il est vrai, de quelques Hollandais à costume noir, ornés de belles boucles d'argent, et de leurs femmes en longues redingotes brunes ou noires, en bonnets de dentelles et de lourds bijoux aux oreilles, était un lieu exquis de solitude. Rien n'avait un mouvement plus saccadé, que la respiration de la mer, calme comme un enfant sage, unie et bleuâtre. Sur le sable M. Krollebol, en noir, se promenait; Mlle Krollebol, vêtue de bleu, s'appuyait languissamment; ils erraient en cercle, en zigzags, dans un petit espace; ils goûtaient l'air et la beauté du flot. Au bout d'un assez long moment, de nouveaux venus vinrent s'asseoir à la terrasse, paysans belges apparemment, cravates plus voyantes, verbe exubérant, chapeaux sur la nuque, tout l'indiquait. Un d'eux se pencha vers la plage, regarda comme très amusé, attira l'attention de ses compagnons, ceux-ci semblent fort divertis, ils entrèrent en conciliabule immédiat avec le maître du lieu, qui parut surpris de leur dires, tout en comptant la monnaie qu'ils lui donnaient, et lorsqu'ils furent sur le point de partir, ils s'approchèrent du bord de la dune, et les mains en porte-voix hurlèrent de toutes leurs forces : croa, croa, et s'égaillèrent comme des moineaux.

Quelques heures après, je vis repasser sur la route les Krollebol. Ils étaient tristes, accablés ; elle était ridée, il était voûté. Ils se taisaient et réfléchissaient ; sans doute au prochain départ encore nécessaire, encore imposé à bref délai, à l'émigration continue. Peut-être pensaient-ils à de graves et lourdes soirées d'hiver, où leur luxure, vieillie et décharnée, venait s'asseoir entre eux deux, et leur conter les années passées, les instincts aveulis, et leur montrer l'avenir lassant avec le parfum ranci des fleurs violentes, fanées et comme pourries, ou seulement à cette nécessité de repartir encore un peu plus loin, à cette existence errabonde à petits sauts, dans la même plaine sans arbres, dans le même guéret, dans le même champ, cette allure de toute leur vie désormais semblable à celle des vieux corbeaux alourdis qui se posent à l'écart des passants, de peur des pierres.

TABLE

JORDON. 1
L'ESPRIT PRATIQUE. 119
FÉRANDINE ET MARIANNE. 167
LES COUPS DE PIED DANS LE DERRIÈRE. . . . 257
CHARITÉ BIEN ORDONNÉE. 271
LE NOUVEAU CINYRAS. 291

ÉVREUX, IMPRIMERIE DE CHARLES HÉRISSEY

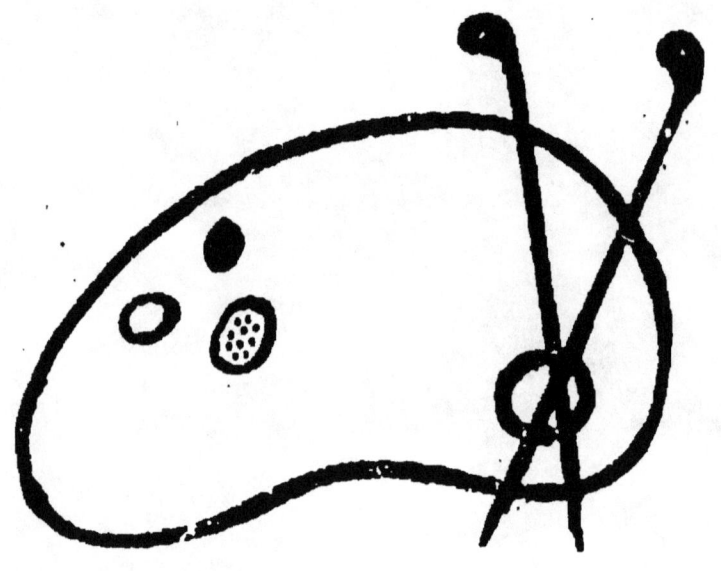

Original en couleur

NF Z 43-120-8

www.ingramcontent.com/pod-product-compliance
Lightning Source LLC
Chambersburg PA
CBHW060555170426
43201CB00009B/781